# 读故事
# 学成语

周勇 主编

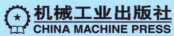

# 目录

第一章　将相和 / 4

第二章　奖券 / 12

第三章　钓鱼的启示 / 20

第四章　斗恶龙 / 28

第五章　我长大了 / 36

第六章　汉字王国 / 44

第七章　狐狸与狼 / 52

第八章　九色鹿 / 60

第九章　孔融让梨 / 68

第十章　猫和老鼠 / 76

第十一章　少年才子——王勃 / 84

第十二章　八尾猫 / 92

第十三章　方仲永 / 100

第十四章  神仙果 / 108

第十五章  太阳 / 116

第十六章  天书奇谭 / 124

第十七章  我的老师 / 132

第十八章  乌龟和鸟 / 140

第十九章  乌鸦和猫 / 148

第二十章  蟋蟀的故事 / 156

第二十一章  大书法家王献之 / 164

第二十二章  小兔子搬家 / 172

第二十三章  雪孩子 / 180

第二十四章  祖逖的故事 / 188

第二十五章  渔夫的女儿 / 195

第二十六章  长角的蛇 / 202

答案/209

成语索引/214

# 第一章

## 将相和

战国时期，赵王得到了一个希世之珍——和氏璧。秦王说愿意用十五座城池来交换，赵王害怕秦王出尔反尔，不仅不会给赵国城池，就连和氏璧也会被抢走。这时，宦官头目缪贤向赵王推荐了他的门客蔺相如，说蔺相如足智多谋，可以派他带着和氏璧去秦国谈判。赵王同意了。

秦王见到和氏璧后非常喜欢，一直和大臣、妃嫔们一起欣赏。蔺相如见秦王没有要给城池的意思，便借口璧有瑕疵拿回和氏璧，怒气冲冲地来到柱子旁说："大王若想白白拿走和氏璧而不给赵国城池，我就与和氏璧一起撞到柱子上。"秦王知道和氏璧是无价之宝，不敢强行夺取，只好放弃。最后蔺相如让人把和氏璧偷偷送回了赵国，秦王不想因此和赵国翻脸，只好让蔺相如回去了。这就是著名的完璧归赵的故事。

后来，蔺相如不断立功，赵王就把他提拔到了上卿的位置，比大将军廉颇的官位还要高。廉颇听说后，心里很不开心，他觉得自己打仗一直战无不胜、攻无不克，为赵国屡立战功，而蔺相如只是一个会耍嘴皮子的弱书生，如今却比自己官大，所以廉颇决定以后见面一定要羞辱羞辱蔺相如。蔺相如听说这件事后，就一直躲避廉颇，上朝的时候他经常请假不去，就是在路上碰到了，也会躲避到巷子里去。

蔺相如的门客说："大人，你为什么会如此害怕廉颇呢？这让我们都抬不起头来。"蔺相如说："我不是怕廉将军。众所周知，秦国强大，但是一直不敢攻打我们赵国，就是因为害怕我和廉颇。如果我和廉颇起冲突，那就会让赵国处于危险之中。"廉颇听到此事后，觉得无地自容，他脱下战袍，背上荆条，来到蔺相如家门前请罪。廉颇跪在地上说："我是个粗陋卑贱的人，不知道您如此宽宏大量，一直在容忍我。"蔺相如扶起廉颇，从此他们成了好朋友，一直齐心协力保卫赵国。

# 出口成章

## 成语小词典

**xī shì zhī zhēn 希世之珍**

【解释】希世：世间稀有。珍：珍品，宝物。世上所稀有的宝物。

【示例】这个瓷器是希世之珍，你一定要轻拿轻放，不能马虎大意。

**chū ěr fǎn ěr 出尔反尔**

【解释】原意是指你怎么对待别人，别人也会怎么对待你。现多用来表示说了之后又反悔，言行前后不一致。

【示例】小明做事总是出尔反尔，时间久了，大家都不再相信他了。

**zú zhì duō móu 足智多谋**

【解释】足：充足，足够。智：聪明，智慧。谋：计谋。形容富有智慧，善于谋划。

【示例】他足智多谋，遇到困难时总是能想到解决的好办法。

**nù qì chōng chōng 怒气冲冲**

【解释】形容人非常生气的样子。

【示例】发现自己的车被撞后，他怒气冲冲地报了警。

**wú jià zhī bǎo 无价之宝**

【解释】无法估算价值的宝物。形容东西极其珍贵。

【示例】考古队在古墓里发现了一件大型青铜器，这可是无价之宝。

**wán bì guī zhào 完璧归赵**

【解释】比喻将原物完好无损地还给原主人。

【示例】在警方的努力下，丢失的字画完璧归赵，回到了失主的手中。

**zhàn wú bú shèng 战无不胜**

【解释】形容十分强大，可以战胜一切。比喻办任何事都能成功。

【示例】他是一个战无不胜的将军，敌人听到他的名字都会害怕。

**gōng wú bú kè 攻无不克**

【解释】克：攻下。没有攻占不下来的。形容百战百胜。

【示例】他率领的部队攻无不克，一连攻下了几座城池。

**wú dì zì róng 无地自容**

【解释】没有地方让自己容身。形容一个人非常羞愧的样子。

【示例】期末考试没有考好，小明感到无地自容。

**kuān hóng dà liàng 宽宏大量**

【解释】形容一个人心胸宽阔，有度量，能容人。

【示例】他是一个宽宏大量的人，对于别人的无理指责，他从不去计较。

 **成语大练兵**　　下面给出了五个成语，请你用这些成语把句子补充完整吧！

足智多谋　　希世之珍　　出尔反尔

怒气冲冲　　战无不胜

1. 他是一个诚实守信的人，从来不（　　），答应的事情一定会做到。

2. 那个将军非常厉害，他打仗（　　），令敌人闻风丧胆。

3. 他向来（　　），遇到问题时从不惊慌，总是能想到解决的办法。

4. 在考古学家眼里，这些破破烂烂的东西都是（　　）。

5. 李明听同学说王刚在背后说他的坏话，便（　　）地找上门去理论。

## 出尔反尔

邹国和鲁国交战,邹国战败,将士死伤无数。邹穆公很生气,他问孟子:"这一仗,我手下的官吏死了三十三个,但是老百姓却没有一个上去拼命的,太可恨了。我想杀掉这些人,可人太多了杀不完;不杀他们的话,我又觉得他们十分可恨。你说我该怎么办呢?"

孟子说:"有一年邹国闹饥荒,年老体弱的百姓全都饿死了,外出逃荒的年轻人有千人之多,当时您的粮仓还是满的,官员们却并没有将这件事上报给您。他们从不关心百姓的疾苦,而且还残害无辜的百姓。曾子曾经说过:'小心啊,你怎样对待别人,别人就会怎样对待你。'如今您的百姓有了报复的机会,他们当然不会去救那些官吏。所以您不要去怪罪这些百姓,如果您实行仁政,善待您的子民,那么百姓们也会爱护他们的长官,并且愿意为他们付出生命。"

## 无地自容

魏无忌是魏昭王的小儿子，人称信陵君，他的姐姐是赵王的弟弟平原君的夫人。秦国攻打赵国，平原君数次请求魏王出兵相救，但魏王害怕秦国报复，就是不敢出兵。平原君派使者向魏无忌求救，说："邯郸城早晚要被攻破，难道你不管你姐姐的死活了吗？"魏无忌知道魏王不会去救赵国，所以他将兵符盗出，率领魏军打败了秦军，解救了赵国。魏王得知后大怒，魏无忌只好留在了赵国。

赵王感激魏无忌大力相助，想将五个城邑封给魏无忌。魏无忌听到这个消息后，神态骄矜，显出自以为有功的样子。一位门客劝魏无忌说："您假托魏王的命令，夺取兵权来解救赵国，对赵国而言是有功，对魏国而言却不可称为忠臣。现在您骄傲地自以为有功，我认为您这种态度实在不足取。"听了这位门客的话，魏无忌觉得无地自容，立刻反省自责。当赵王再提及要奖赏他时，魏无忌立刻辞谢了赵王的好意。

出口成章

成语游乐园

诗情画意　把下面的成语补全，看看出自哪首诗吧！

- 日做梦
- 积月累
- 山傍水
- 清水秀
- 力而为

- 梁一梦
- 东狮吼
- 木三分
- 枯石烂
- 年似水

## 成语之最

根据左面的题目猜出成语,并填在右面对应的方框中吧!

| 最长的腿 | |
| --- | --- |
| 最高的个子 | |
| 最大的手 | |
| 最重的话 | |
| 最快的阅读 | |
| 最昂贵的时间 | |
| 最长的一天 | |
| 最厉害的贼 | |
| 最吝啬的人 | |
| 最大的家 | |

# 第二章

## 奖券

我的家里一共有六口人，因为只有父亲一人有工作，所以日子过得捉襟见肘，花钱的时候总要精打细算。母亲是一个通情达理的人，她从不去埋怨生活的艰辛，还总是安慰我们说："日子过得穷点儿没关系，只要我们诚实正直，就可以活得很开心。"

父亲是一名汽车修理工，他的修车技术非常高超，干活时得心应手，所以修车厂的老板非常器重他。父亲非常喜欢车，他有个梦想，就是能够拥有一辆属于自己的车。

有一天，一家大型百货商店举办抽奖活动，奖品是一辆崭新的奔驰轿车。父亲动心了，他买了奖券。公布获奖名单的那天，广播里播放了父亲的名字。我立刻欢呼雀跃起来，太令人难以置信了，父亲竟然是那辆车的获奖者！

我开心地挤到父亲的身边，父亲看起来很严肃，一点儿也不像中了大奖的样子。回到家后，父亲独自回到了书房。我<u>百思不解</u>，只好去问母亲："妈妈，爸爸为什么一点儿也不开心，他刚刚可是中了一辆新车啊！"

这时母亲拿出两张奖券，放在我的面前对我说："你看看这两张奖券有什么不同？"

我被弄得<u>满腹疑团</u>，但还是仔细地观察了那两张奖券。我指着其中一张奖券说："这张奖券上面有个铅笔写的K字。"母亲说："没错，中奖的是这张写了K字的奖券，是你爸爸帮他的同事库伯买的，所以那辆车是属于库伯的。"

"库伯家很有钱，我们家很穷，爸爸一直都想要一辆车。"我有些<u>语无伦次</u>，实在难以接受这个事实。这时我听见父亲在打电话，他在通知库伯过来取车。

母亲拍了拍我的头说："别不开心，这辆车不属于我们。你爸爸不论做什么都要求<u>问心无愧</u>，如果留下这辆车，他不会开心的。"

第二天，库伯把车开走了，父亲反而很开心，就像母亲说的：只要我们诚实正直，就可以活得很开心。

# 成语小词典

**zhuō jīn jiàn zhǒu**
**捉襟见肘**

【解释】襟：衣襟。肘：手肘。拉一下衣襟就会露出手肘。形容衣服破败不堪。现指因难多，顾此失彼，照顾不过来。

【示例】父亲生病住院了，使原本就不富裕的家庭更加捉襟见肘。

**jīng dǎ xì suàn**
**精打细算**

【解释】打：规划。精密地规划，详细地打算。指在使用人力、物力时计算得很精细。

【示例】奶奶过日子总是精打细算，从来不浪费东西。

**tōng qíng dá lǐ**
**通情达理**

【解释】指说话、做事都很讲道理。

【示例】居委会的王大妈是个通情达理的人，从来不与人发生争执。

**dé xīn yìng shǒu**
**得心应手**

【解释】得：得到，想到。应：反应，配合。心里怎么想，手就能怎么做。比喻技艺纯熟或做事情非常顺利。

【示例】他的专业知识很扎实，所以做起事来得心应手，毫不费力。

**huān hū què yuè**
**欢呼雀跃**

【解释】高兴得像麻雀一样又叫又跳。形容心情极其兴奋、欢乐。

【示例】听到学校要举办元旦晚会的消息后，同学们都欢呼雀跃起来。

**nán yǐ zhì xìn**
**难以置信**

【解释】出乎意料，让人不容易相信。

【示例】这么难的题目他都能做出来，真是让人难以置信。

**bǎi sī bù jiě**
**百思不解**

【解释】百：多次。解：理解。多次思索也不能理解。

【示例】他百思不解，东西藏得那么隐秘，是怎么被人发现的呢？

**mǎn fù yí tuán**
**满腹疑团**

【解释】疑团：很多疑问缠在一起。心中有很多解不开的疑问。

【示例】请你将这件事跟我详细解释一下，我现在满腹疑团。

**yǔ wú lún cì**
**语无伦次**

【解释】伦次：条理，次序。形容讲话、写文章很乱，没有条理和层次。

【示例】第一次在这么多人面前发言，他很紧张，说话也变得语无伦次了。

**wèn xīn wú kuì**
**问心无愧**

【解释】问心：问问自己。摸着胸口问自己，觉得没什么可羞愧的。形容内心坦然，没做什么对不起人的事。

【示例】面对别人的指责，他问心无愧，一笑置之。

 **成语大练兵**　　下面给出了五个成语，请你用这些成语把句子补充完整吧！

精打细算　　得心应手　　欢呼雀跃

难以置信　　语无伦次

1. 语文老师教学经验丰富，讲起课来（　　）。
2. 李刚进了一个球，看台上的同学立刻（　　）起来。
3. 王明上学路上遇到了一起严重的交通事故，受到了惊吓，现在说话都有一些（　　）。
4. 他的学习成绩一向不好，这次竟然考了第一名，太让人（　　）了。
5. 妈妈在生活上总是（　　），她经常教育我不要铺张浪费。

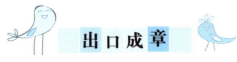

## 成语小故事

# 捉襟见肘

孔子有个非常出色的弟子叫曾参，别人都叫他曾子。曾子住在卫国的时候，处境非常艰苦。他的衣服是乱麻做的，早已经破破烂烂；他吃的也不好，脸上浮肿不堪，手和脚都长出了厚厚的茧子。

曾子常常一连三天不生火做饭，因为没有钱买米和油。他十年没有做过新衣服：整理一下帽子，帽带就会断掉；拉一下衣襟，手肘就会露出来；穿一下鞋子，鞋后跟就会断裂。即便生活如此困苦，曾子却从来不在意，他经常大声吟唱《商颂》，声音洪亮，如同金石做成的乐器。他每天自由自在，无拘无束。他不做官，即使天子请他他也不答应；他不趋炎附势，从来不和达官贵人交朋友。

庄子夸赞曾子是个超凡脱俗的人，说他忘记了自己的外在，忘记了功名富贵，忘记了心机，是一个真正的修心养性的高人。

# 得心应手

轮扁是齐国一个做车轮的高手。一天，齐桓公在堂上读书，轮扁在堂下削砍木材制作车轮。琅琅的读书声听得轮扁有些心烦，他便放下手中的工具来到堂上，问齐桓公："您读的是什么书？"齐桓公回答说："是圣人的书。"

轮扁又问："那圣人还活着吗？"齐桓公说："圣人已经死了。"轮扁说："那您读的就是圣人留下的糟粕。"齐桓公生气地说："你为什么这样说？你要是说不明白我就砍了你的脑袋。"轮扁说："我是从做车轮中得出结论的。轮孔宽了，车轮就不坚固；轮孔紧了，车轮就会走不动；轮孔只有不松不紧，我才能得心应手，做出最好的车轮。但是我的这些想法经验都说不出来，没有办法传授给我的儿子，所以我七十多岁了还独自一人做车轮。古代的圣人和他们不能言传的知识经验都一起死去了，所以我才会说，您读的书都是圣人留下的糟粕。"

出口成章

# 成语游乐园

 **成语接龙**

小猴子最喜欢吃香蕉，快帮助小猴子找到美味的香蕉吧！

## 成语猜猜猜

- 一（打一成语）
- 回（打一成语）
- 汆（打一成语）
- 书虫（打一成语）
- 弹簧（打一成语）
- 卧倒（打一成语）
- 无底洞（打一成语）
- 望江亭（打一成语）
- 纸老虎（打一成语）
- 鹦鹉学舌（打一成语）

# 第三章

## 钓鱼的启示

詹姆斯今年十一岁了，他们一家住在一个小岛上。这个美丽的小岛在一个大湖的中心，湖面烟波浩渺，一望无际，景象非常壮观。詹姆斯家的门前有个泊船的小码头，这里是个钓鱼的好地方。詹姆斯的父亲是个钓鱼高手，不论遇到什么情况，他总是游刃有余，最后一定会把上钩的大鱼钓上来。

这一天，正是钓鱼的好天气，并且第二天凌晨就可以钓鲈鱼了。傍晚，詹姆斯和父亲来到小码头开始钓鱼。天渐渐黑了，詹姆斯聚精会神地盯着水面，突然，鱼线一下绷直，有鱼上钩了。詹姆斯知道这是个大家伙，他不敢掉以轻心，立即小心翼翼地收放手中的鱼线，开始慢慢地溜这条鱼。

两个小时后，水里的大鱼终于精疲力尽，放弃了抵抗。詹姆斯立即收紧鱼线把鱼拉上了岸，借着月光他看清了这个大家伙。

这是条鲈鱼，足足有10千克重，他从来没有见过这么大的鱼。詹姆斯变得热血沸腾，这是他钓上来的！他看向父亲，希望父亲能夸赞他一下。

父亲的脸色有些凝重，他说："詹姆斯，把这条鲈鱼放了。"

"为什么？这是我好不容易才钓上来的！"詹姆斯生气了，他不知道父亲为什么要这么做。

父亲看了眼手表说："现在是晚上10点，距离钓鲈鱼的时间还有两个小时。现在还是鲈鱼的禁钓期。"

詹姆斯的眼泪在眼眶里打转，他看着鲈鱼犹豫不决。现在是晚上，根本不会有人发现他钓上来一条鲈鱼，但是詹姆斯知道父亲是个言而有信的人，他不会让自己把这条鲈鱼带回家的。于是他擦了擦眼泪，把地上的鲈鱼放进了水里。一瞬间，那个大家伙就消失在了水里。

长大后，詹姆斯成了一位大名鼎鼎的建筑师，在谈到自己为何成功时，他总会提到那晚的钓鱼经历。人生的道路上总会有很多和那条鲈鱼一样的诱惑，只有坚守住自己的道德标准，才能不被诱惑所控制。

# 出口成章

## 成语小词典

**yān bō hào miǎo**
**烟波浩渺**
【解释】烟波：烟雾笼罩的水面。浩渺：辽阔无边。形容江湖的水域十分辽阔。
【示例】洞庭湖烟波浩渺，波澜壮阔，景色十分优美。

**yī wàng wú jì**
**一望无际**
【解释】际：边际。一眼看不到边际。形容非常辽阔，无边无际。
【示例】内蒙古大草原一望无际，到处都是成群的牛羊。

**yóu rèn yǒu yú**
**游刃有余**
【解释】比喻做事熟练、有经验，解决问题丝毫不费力气。
【示例】他的成绩很好，每次考试都游刃有余。

**jù jīng huì shén**
**聚精会神**
【解释】会：集中。原指君臣协力，集思广益。后形容精神高度集中。
【示例】教室里，同学们正聚精会神地听老师讲课。

**diào yǐ qīng xīn**
**掉以轻心**
【解释】掉：摆动，不在乎；轻：轻率。指对事情抱着漫不经心、无所谓的态度。
【示例】这次考试很重要，老师反复叮嘱我们不要掉以轻心。

**xiǎo xīn yì yì**
**小心翼翼**
【解释】翼翼：恭敬、慎重的样子。形容小心谨慎，不敢疏忽。
【示例】他小心翼翼地操作着机器，生怕出现一点儿错误。

**jīng pí lì jìn**
**精疲力尽**
【解释】精神、力气都被消耗殆尽。形容非常疲劳的样子。
【示例】她只绕着操场跑了一圈就精疲力尽了。

**rè xuè fèi téng**
**热血沸腾**
【解释】形容心潮澎湃，激情高涨的样子。
【示例】他写的故事情节跌宕起伏，看完之后让人热血沸腾。

**yóu yù bù jué**
**犹豫不决**
【解释】犹豫：迟疑。指拿不定主意。
【示例】在这件事情上，他犹豫不决，不知道该如何抉择。

**yán ér yǒu xìn**
**言而有信**
【解释】信：信用。指说话讲信用。
【示例】他是个言而有信的人，所以人们总是很相信他。

## 成语大练兵

下面给出了五个成语,请你用这些成语把句子补充完整吧!

一望无际　　游刃有余　　聚精会神

犹豫不决　　言而有信

1. 美丽的草原（　　），大地好像铺上了一层绿色的毛毯,成群的牛羊在草地上悠闲地吃着草。

2. 实验室里,老师正带领着学生们（　　）地做实验。

3. 她从小就喜欢唱歌,经过专业老师的培训,无论低音、高音她都能（　　）地唱出来。

4. 妈妈想让丽丽学舞蹈,可丽丽有些（　　），因为她更喜欢音乐。

5. 王亮是个（　　）的人,同学们都很信任他。

## 游刃有余

梁惠王手下有个叫丁的厨师，他宰牛的技术高超，梁惠王就好奇地问他："你的宰牛技术这么高超，是怎么做到的呢？"

厨师回答说："我刚学习宰牛的时候，眼里看到的是一整头牛，不知道要从什么地方下刀。后来时间长了，我就渐渐了解了牛的身体结构，哪里是肌肉，哪里是筋脉，哪里是骨头，哪里是骨缝。经过摸索，我再去宰牛的时候就顺着骨缝进刀，慢慢转动刀刃。因为刀刃不会碰到骨头，所以宰起牛来毫不费劲，而且也不会伤到刀子。"

叫丁的厨师又说："当遇到那些筋骨交错、非常难办的地方时，我也会小心翼翼，不敢马虎大意。当我宰完一头牛之后，刀子还像新的一样，我就会有很大的成就感。"

梁惠王听后，连连称赞道："你宰起牛来游刃有余，我听了你的话，真是受到了很大的启发啊！"

# 言而有信

春秋时期,齐国国力强大,齐桓公四处征战,其中鲁国就败给了齐国。一次,齐桓公邀请了几个邻国的国君一起开盟会,鲁庄公应邀前往。临行前将军曹沫要求一同前往,鲁庄公说:"你三次败给齐军,去了不怕被人笑话?"曹沫说:"我一定会一雪前耻。"于是,鲁庄公答应带他一起去齐国。

盟会当天,齐桓公坐在坛上,鲁庄公被告知只能一个人上去,随从人员要留在下面。曹沫瞪大眼睛呵斥了对方,手持兵刃上去了。齐桓公和鲁庄公谈判,曹沫趁机抓住齐桓公,手拿利剑说:"齐国欺负鲁国弱小,大肆侵犯,现在鲁国城墙破败,你说该怎么办?"齐桓公吓得面如土色,连连道歉,对天发誓要归还鲁国城池。

盟会结束后,齐国大臣非常气愤,要齐桓公毁约。齐桓公却摇头说:"寡人已经答应了曹沫,我一国之主当然要言而有信,不能毁约。"

## 出口成章

### 成语游乐园

**读古诗找成语**　　下面的古诗中都包含了一个成语，请你找出来，填在右边的方框里吧！

| 身无彩凤双飞翼，心有灵犀一点通。 | |
|---|---|

| 山重水复疑无路，柳暗花明又一村。 | |

| 我劝天公重抖擞，不拘一格降人才。 | |

| 等闲识得东风面，万紫千红总是春。 | |

| 彼采萧兮，一日不见，如三秋兮。 | |

| 郎骑竹马来，绕床弄青梅。 | |

| 昼短苦夜长，何不秉烛游？ | |

| 维鹊有巢，维鸠居之。 | |

26

# 七字成语

成语大多是四个字的,那么七个字的成语你见过吗?快来把下面的七字成语补充完整吧!

君子☐☐淡如水

浪子☐☐金不换

小不忍则☐☐☐

初生☐☐不怕虎

四海之内皆☐☐

人心不足☐☐☐

☐☐之意不在酒

无事☐☐三宝殿

☐☐还须系铃人

磨刀☐☐砍柴工

# 第四章

## 斗恶龙

有一个闭塞的小村庄，已经两年没有下雨了，田里的庄稼缺水，到了秋天颗粒无收。村民们很久都没有吃上一顿饱饭了，他们走投无路，只能背井离乡，到外地去讨饭。村子里有个青年，他古道热肠，看着村民们受苦心里很难过，于是决定去找人帮忙。

镇上有个道士，据说能呼风唤雨，知道很多有用的知识，青年决定去向他求教。青年来到道士的家，对道士说："先生，我们村子已经两年没有下雨了，家家户户的日子都很难过，您知道这是为什么吗？"道士掐指一算，说："你们村子的后面有个山坡，山坡上有个洞，你去看看那个洞里面有什么。"

夜半三更，青年悄悄地来到后山，他躲到树丛里，静静地观察那个洞。不一会儿，洞中竟然爬出来一条黄色的大龙，这条龙面目狰狞，一看便知道是个妖怪。青年不敢打草惊蛇，悄悄地离开了。

第二天，青年把看到的事情告诉给道士。道士说："那是一条恶龙，就是它把你们村子里的雨水偷走了，你只要杀了它，你们村子就会下雨。"青年不知道要如何杀龙，道士就告诉了他一个方法。青年斗志昂扬，决定当晚就动手。

青年先在黄龙的洞门口点起了火，然后把潮湿的草堆在上面，不一会儿，火堆就冒出了呛人的浓烟。浓烟往洞里面飘去，很快，里面的恶龙就被熏了出来。恶龙的眼睛被烟熏瞎了，青年趁着这个千载难逢的机会，一下子就杀掉了恶龙。

村子里的人也看到了浓烟，以为后山着火了，他们来到这里一看，才知道原来村子闹旱灾是恶龙捣的鬼。现在青年杀死了它，以后村子就不会有旱灾了，大家都非常感激青年。恶龙死后，天上就下起了瓢泼大雨，恶龙的洞也不断地流出甘甜的山泉，从此村民们都过上了幸福的生活。

# 出口成章

## 成语小词典

**kē lì wú shōu**
**颗粒无收**

【解释】收：收成。连一粒米的收成也没有。多指因灾祸造成绝收。

【示例】蝗虫把庄稼全部吃掉了，所有农田颗粒无收。

**zǒu tóu wú lù**
**走投无路**

【解释】无路可走。比喻陷入绝境，没有出路。

【示例】如果不是走投无路，他也不会走上犯罪的道路。

**bèi jǐng lí xiāng**
**背井离乡**

【解释】背：离开。井：乡里。指离开家乡到外地。

【示例】战争年代，为了生存，很多人都背井离乡。

**hū fēng huàn yǔ**
**呼风唤雨**

【解释】原指神仙道士的法力。现在比喻人具有支配自然的伟大力量，也可形容反动势力猖獗。

【示例】神话里的神仙个个都能腾云驾雾，呼风唤雨。

**yè bàn sān gēng**
**夜半三更**

【解释】指深夜时分。

【示例】夜半三更你不睡觉，在外面乱跑什么？

**miàn mù zhēng níng**
**面目狰狞**

【解释】狰狞：凶恶的样子。形容面目凶狠可怕。

【示例】面对面目狰狞的凶犯，警察英勇无畏，很快就将其绳之以法。

**dǎ cǎo jīng shé**
**打草惊蛇**

【解释】打草惊了草里的蛇。比喻做事考虑不周，行动不谨慎，使对方有所警觉和戒备。

【示例】调查案件的时候一定要小心行事，不能打草惊蛇。

**dòu zhì áng yáng**
**斗志昂扬**

【解释】昂扬：情绪高涨的样子。形容斗争的意志旺盛。

【示例】出征前，将军的出征宣言让全体士兵斗志昂扬，热血沸腾。

**qiān zǎi nán féng**
**千载难逢**

【解释】载：年。多少年也难得遇到。形容机会极为难得。

【示例】这是一个千载难逢的机会，你却失之交臂，真是可惜！

**piáo pō dà yǔ**
**瓢泼大雨**

【解释】瓢：剖开葫芦做成的舀水器。像用瓢泼水那样的大雨。形容雨下得非常大的样子。

【示例】这场瓢泼大雨把城里很多地方都淹了。

**成语大练兵** 在下面的几个情境中，可以用什么成语匹配呢？

颗粒无收　　走投无路　　面目狰狞

斗志昂扬　　瓢泼大雨

1.已经三个多月没有下雨了，田里的水早已干枯，稻子都枯萎了。可以用什么成语来描述未来的粮食收成情况？

2.天上的乌云压得很低，小明出门没有带伞，一瞬间就被雨淋湿了。可以用什么成语来形容这场大雨？

3.足球比赛即将开始，队员们都在进行热身，他们信心满满。可以用什么成语来形容队员们现在的状态？

4.这个歹徒为了躲避警察的追捕，逃进了山里，他已经几天没吃东西了。可以用什么成语形容歹徒现在的处境？

5.小明看见街上有两个人在打架，他们都面红耳赤、咬牙切齿。可以用什么成语来形容这两个人现在的面部表情？

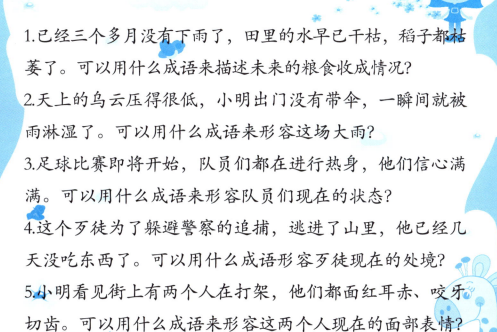

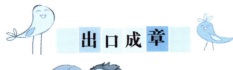

## 成语小故事

### 走投无路

宋朝时，张天觉是朝中大臣，因为得罪了人，被贬到洪州做官。上任的路上，他的船遇到风浪翻了，他的女儿张翠莺落水失踪。张翠莺落水后，被一个渔翁救了下来。渔翁有个侄子叫崔通，他和张翠莺日久生情，就定下了亲事。后来崔通考中了进士，娶了考官的女儿，做了邵阳县令。

张翠莺听说崔通做了县令，就到邵阳县找他。崔通害怕自己与张翠莺定亲的事败露，就谎称张翠莺是私逃的奴婢，将她毒打一顿后，脸上刺字，发配岭南。当张翠莺走到潇湘这个地方时，天上下起了大雨，她内心痛苦绝望，觉得走投无路，便大声哭喊起来。

张翠莺的哭声惊动了在客栈里休息的大官，这个大官正是张翠莺的父亲张天觉，此时他又得到了朝廷的重用。于是，父女相认，抱头痛哭。张天觉听说了女儿的遭遇后，勃然大怒。他找到了崔通，立即将他治罪，为女儿报了仇，最后带着女儿一起回了京城。

# 打草惊蛇

南唐时期，当涂县有个县令叫王鲁。他无恶不作，贪图富贵，为了能当上县令不知道做了多少坏事。他当上县令后，变本加厉，大肆收敛钱财。王鲁手下的官吏也是一群恶人，他们经常欺负百姓，贪污受贿，搜刮民脂民膏。时间久了，当涂县的老百姓们苦不堪言，他们十分痛恨这群贪官污吏，一直想要把他们的罪行上告给朝廷。

一天，朝廷派大臣下来巡查，百姓们终于等到了机会。他们一起把衙门主簿等人徇私舞弊、贪赃枉法的罪证都写到了状纸上，并把状纸交给了王鲁。王鲁拿到状纸后粗略地看了一下，发现百姓们状告主簿的罪行都和自己干过的坏事相似，一些事情还能牵扯到自己头上。王鲁吓了一大跳，他深知百姓们再这样告下去，总有一天他的罪行也会败露，到时候就会大祸临头。王鲁浑身无力，瘫坐在椅子上，他写道："汝虽打草，吾已惊蛇。"

# 出口成章

## 成语游乐园

 **成语接龙**　　在下面的空白处填入正确的字，把成语补充完整吧！

言　巧
散　　　出
女　　　惊
　胜　定

　花　缭
有　　　臣
板　　　贼
　乌　虚

　纳　百
人　　　流
山　　　不
　宁　事

　年　累
山　　　黑
远　　　风
　流　山

 **城市万花筒** 小明暑假去了城市旅游，看看他都去了哪里吧！

| 人才济 | 征北战 |
| 后来居 | 阔天空 |
| 地久天 | 暖花开 |
| 鸡犬不 | 光粼粼 |
| 无法无 | 津乐道 |
| 发扬光 | 绵不绝 |

# 第五章

## 我长大了

小的时候，我的家在一个山清水秀的小村庄里，屋子前面绿草如茵，粗壮的大树几个人都合抱不过来，屋子后面不远处有一个美丽的湖泊，湖面波光粼粼，非常漂亮。那时候我刚刚学会数数，学校的老师教会我们从一数到十。除了上学，我每天最开心的事情就是和朋友们在村子里到处玩耍。那真是一段无忧无虑的美好时光。

有一天，一个坏消息传到了村子里。那时候整个国家都在打仗，有人说再过几天战火就会蔓延到我们的村子，村子里的人都惶恐不安。在听到这个消息后，我的妈妈和奶奶变得寝食难安，很快她们就决定离开村子到城里面去躲避战火。

家里面有很多东西都带不走。临走前，妈妈想了个办法，她找来一个大木箱，把带不走的东西都放进箱子里，然后她从门口往外走，数到三十步后停下来，在那里挖了一个坑,把箱子埋了进去。我也效仿妈妈,把我的一些玩具和课本放进了一个小箱子,因为我只会数到十,所以我走了十步后把箱子埋进了土里。

光阴似箭,转眼我们在城市里已经生活了四年。战争结束了,妈妈和奶奶决定重新回到家乡。回来后,以前的屋子已经破败不堪,什么东西也没有留下。妈妈安慰我们说:"没关系,我们的箱子里还有东西。"说完她就从门口向外走了三十步,然后挖到了四年前埋下的箱子。我也连忙走了十步去挖我的箱子,但是事与愿违,我什么也没有找到。小伙伴们都说我的箱子一定是被敌人挖走了,但是我不这样想,因为妈妈的大箱子还在,所以我的小箱子应该也在。

我坐在门前苦思冥想,突然想到四年前我还是个小孩,如今已经长大了,个子也变高了,那么以前的十步我现在只需要走五步就可以了。想到这里,我立即走了五步去挖地上的泥土,很快就找到了那个小箱子。妈妈笑着对我说:"时间在变,世间万物都在变化,我们的思想当然也要跟着变化才行,不能一成不变,按图索骥!"

出口成章

成语小词典

**shān qīng shuǐ xiù 山清水秀**
【解释】形容景色优美。
【示例】这个小村庄山清水秀，每年都会有大批的游客前来游玩。

**lǜ cǎo rú yīn 绿草如茵**
【解释】绿油油的草好像地上铺的褥子。形容草绿可爱。
【示例】山坡上绿草如茵，真想躺上去。

**bō guāng lín lín 波光粼粼**
【解释】波光：阳光或月光照在水波上反射过来的光。粼粼：形容水、石明净。形容波光明净的样子。
【示例】一阵微风吹过，湖面波光粼粼，景色十分迷人。

**wú yōu wú lǜ 无忧无虑**
【解释】忧：忧愁。虑：担心，顾虑。指没有忧愁、担心和顾虑。
【示例】他的家庭幸福美满，孩子们每天都过得无忧无虑。

**huáng kǒng bù ān 惶恐不安**
【解释】指内心十分害怕，惊恐不安。
【示例】他犯了一个大错，所以这几天他一直感到惶恐不安。

**qǐn shí nán ān 寝食难安**
【解释】寝：睡觉。食：吃饭。觉睡不好，饭吃不下。形容有心事，焦虑不安。
【示例】心爱的狗狗走丢了，这几天他一直寝食难安。

**guāng yīn sì jiàn 光阴似箭**
【解释】时光流逝像飞出去的箭一样快。形容时间过得飞快。
【示例】光阴似箭，转眼间他已经离开家乡二十多年了。

**shì yǔ yuàn wéi 事与愿违**
【解释】事情的发展和自己的愿望相违背。
【示例】他本想减肥的，但是事与愿违，几个月下来反而胖了几斤。

**kǔ sī míng xiǎng 苦思冥想**
【解释】苦：尽力。冥：深沉。深沉且极力地思索。
【示例】他苦思冥想，终于想出了解决的办法。

**àn tú suǒ jì 按图索骥**
【解释】索：找。骥：良马。按照画像寻求好马。比喻墨守成规办事；也比喻按照线索去寻找。
【示例】警方按图索骥，很快就抓住了窃贼。

 **成语大练兵**　　在下面的几个情境中，可以用什么成语匹配呢？

山清水秀　　无忧无虑　　惶恐不安

寝食难安　　事与愿违

1. 学校开学了，同学们聚在一起嬉戏玩耍。用什么成语来形容他们现在的状态？

2. 小明想考第一名，但是这次的考试成绩却不怎么理想。用什么成语来形容这个结果？

3. 小亮的家乡是一个宁静的小山村，那里有山有水，到处都是绿树和鲜花。用什么成语可以形容小亮的家乡呢？

4. 小偷偷东西时被警察发现了，现在他被带到了派出所。用什么成语可以形容小偷现在的样子？

5. 考试成绩公布之前，小红每天都很紧张，就连吃饭睡觉都在想着考试结果。用什么成语可以形容小红的状态？

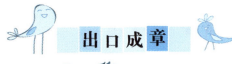

## 寝食难安

战国时期，魏国实力强大，魏惠王手下有很多精兵强将，国家沃土千里。魏惠王仗着自己的国家强大，便四处发动战争。他先攻下了赵国首都邯郸，后来又联合其他十二国诸侯去朝见天子，想要攻打秦国。

秦王听说后，每天寝食难安，害怕诸国联合起来对付秦国。商鞅安慰秦王，说他可以出使魏国化解这场危机。商鞅来到魏国，拜见了魏王，他说："魏国实力强大，可以号令天下，而那十二个诸侯国都是小国，根本不配和大王共同治理天下。大王不如先与秦国联合，攻打齐、楚两国，到时候大王就可以穿上天子的衣服了。"

魏王动心了，他穿上王袍，打着天子的名号去攻打齐国。齐国震怒，奋起抵抗，楚国和各诸侯国都去帮齐国的忙，不久，齐国就打败了魏国的十万大军。魏王战败，四处逃窜，自此魏国元气大伤，再也不是秦国的对手了。

# 按图索骥

春秋时期,秦国有个人叫孙阳,他是当时有名的相马专家,能一眼看出一匹马的好坏,因此人们都叫他"伯乐"。为了让人们更多地了解马,伯乐把自己认马的本领都写到了书里,并取名为《相马经》,书中配有各种马的形态图,供人们参考。

伯乐的儿子资质愚钝,却希望自己也能像父亲那么厉害。他花了很长时间把《相马经》背得滚瓜烂熟,以为这样就可以学到父亲的全部本领了。他为了测试自己,就到外面寻找千里马。

一天,伯乐的儿子在路边看见了一只癞蛤蟆,就连忙捉了回去。他把癞蛤蟆献给父亲说:"父亲,看我找到了一匹上好的千里马,和你那本《相马经》里说的差不多,高脑门、大眼睛,还有四个大蹄子。"伯乐哭笑不得,说道:"你这'匹'马太爱跳了,没办法骑啊!"

## 出口成章

# 成语游乐园

## 成语迷宫

小兔子在回家的路上要经过两座成语迷宫，走的过程中不能回头，不能走重复的路，要连贯地走到终点，请你帮帮它吧！

## 名人世界

下面的成语里都有一个人名。请你选择正确的人名把成语补充完整吧!

毛遂　塞翁　荆轲　东施　叶公　夸父
大禹　嫦娥　　女娲　盘古　伯乐
武王　　后羿　　孔融

◇ 补天　　◇ 伐纣　　◇ 奔月

◇ 追日　　◇ 相马　　◇ 开天

◇ 失马　　◇ 射日　　◇ 刺秦

◇ 自荐　　◇ 让梨　　◇ 效颦

◇ 治水　　◇ 好龙

# 第六章

## 汉字王国

　　小明今年上四年级了。开学的时候，班主任把小明叫到了办公室，指着小明的暑假作业说："小明，你的成绩很好，为什么字却写得这么丑呢？"小明是个<u>大大咧咧</u>的男孩子，从来不觉得自己的字写得丑，他<u>若无其事</u>地回答说："我觉得我的字很好看，很有个性。"班主任叹了口气，这个问题她已经说了很多遍了，但是小明<u>屡教不改</u>，真是让人头疼。

　　放学回家后，小明开始写作业。今天的语文作业是写一篇作文，小明很快就写好了，只是作业本上的字<u>歪七扭八</u>，一点儿也不美观。不过小明觉得无所谓，只要写对了就行。

　　到了睡觉的时间，小明爬上床，很快就进入了梦乡。梦中，小明来到一个<u>车水马龙</u>的集市，奇怪的是，街上的人都是一个一个的汉字。小明不知道这是哪儿，他忐忑不安地拦住一个汉字问："这里是什么地方？我怎么会在这里？"汉字回答说："这里是汉字王国，你们人类每天写的字都会出现在这里。我也不知道你为什么会出现在这里，要不你去属于你的汉字王国看看吧！"

小明不知不觉走到了一个城门前，城门上写着"小明汉字王国"。小明心想，自己每天写那么多的作业，自己的王国一定是人山人海，非常热闹。推开城门，里面的景象却出人意料，与小明的想象大相径庭。小明的汉字王国很大，但是里面的汉字们一点儿也不开心，个个都愁眉苦脸的。小明走到一个汉字面前问道："你怎么走路一瘸一拐的？"那个汉字说："都怪小明，他写字的时候总是粗心大意，经常少写一个笔画，导致我变成了瘸腿的汉字，王国里还有很多像我一样的残疾汉字。"小明顿时感到无地自容，他向所有的汉字道了歉。

醒来后，小明决定改掉自己的坏毛病。经过长时间的刻苦练习，小明的字写得越来越工整漂亮了。小明心想，现在自己汉字王国里面的汉字一定过得非常幸福快乐！

## 成语小词典

**dà dà liē liē 大大咧咧**
【解释】形容待人处事随随便便，满不在乎。
【示例】别看他平时大大咧咧，工作的时候却非常严肃。

**ruò wú qí shì 若无其事**
【解释】好像没有那回事一样。形容人态度镇定，毫不在意的样子。
【示例】他总是一副若无其事的样子，没有人知道他在想什么。

**lǚ jiào bù gǎi 屡教不改**
【解释】屡：多次。多次教育还是不改正。
【示例】他总是犯错误，而且屡教不改，老师对他已经灰心了。

**wāi qī niǔ bā 歪七扭八**
【解释】形容歪歪扭扭，不直的样子。
【示例】他们几个歪七扭八地躺在草地上，就像小时候一样。

**chē shuǐ mǎ lóng 车水马龙**
【解释】街上的车辆像流水一样不断，马匹多得像长龙一样。形容来往车马很多，一派繁华热闹的情景。
【示例】国庆放假期间，大街上车水马龙，非常热闹。

**tǎn tè bù ān 忐忑不安**
【解释】形容心神不定，非常不安的状态。
【示例】他不小心打碎了玻璃窗，见老师来了，立即忐忑不安起来。

**bù zhī bù jué 不知不觉**
【解释】没有意识到，没有察觉到。
【示例】他坐在树下休息，不知不觉就睡着了。

**rén shān rén hǎi 人山人海**
【解释】形容人非常多的样子。
【示例】最近这个明星特别火，他的演唱会上人山人海。

**chū rén yì liào 出人意料**
【解释】超出了预料的范围。
【示例】这场比赛她出人意料地拿了冠军。

**dà xiāng jìng tíng 大相径庭**
【解释】径：小路。庭：院子。表示彼此相差很远或矛盾很大。指事物区别明显，意见、看法截然不同。
【示例】在同一件事上，两个人的想法大相径庭，谁也说服不了对方。

**成语大练兵** 在下面的几个情境中，可以用什么成语匹配呢？

屡教不改　　车水马龙　　忐忑不安

人山人海　　出人意料

1. 快过年了，小明和奶奶到街上去买年货，大街上非常热闹。用哪两个成语能形容小明现在看到的情形？

2. 期末考试的成绩出来了，原本成绩不好的小华竟然考了班级第一名。用什么成语能形容这个考试结果？

3. 小明周末骑车去郊游，但是他发现自己迷路了，找不到回家的路。有什么成语可以形容小明现在的心情？

4. 形形经常写错别字，老师纠正了几次她还是不改正。用什么成语能形容形形的行为呢？

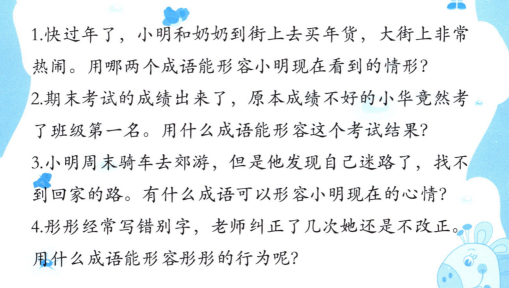

## 车水马龙

马氏是名将马援的小女儿,由于父母早逝,她很小就成了孤儿。马氏十分懂事,她十三岁进宫,服侍皇后。皇帝死后,皇后成为皇太后,她很喜欢马氏,就封她为皇后。马氏做了皇后之后,生活依旧十分简朴,常常穿粗布衣服,其他妃嫔都很尊敬她。

马皇后饱读诗书,知书达理,但是她从来不干预朝政,一直安分守己。后来皇帝去世,马皇后被封为皇太后,大臣们经常上书,请求皇帝对皇太后的兄弟封官加爵,但是马氏拒绝了。她说:"马家兄弟个个都很有钱,我劝他们简朴,他们却笑话我太俭省。我有一次去看望他们,走到他们家门口的时候,发现门前车水马龙,全部都是前来问候请安的,招摇得很。我当时很生气,他们只知道自己享乐,从不为国家忧愁,我怎么能让他们当官呢?那些想要马家兄弟当官的人,都是想献媚于我,想要从中获得好处罢了,他们的话怎么能当真?"

# 大相径庭

春秋时期,有个人叫肩吾,他对连叔说:"接舆对我说了一些话,大话连篇没有边际,他的言论和一般人大相径庭,我听了晕头转向。"连叔问:"接舆说了什么话?"肩吾回答道:"他说姑射山上有一个神仙,不食人间烟火,乘云驾龙,遨游于四海之外,始终是高高在上。他精神凝聚,保佑世间万物不受侵害,年年平安。接舆的这些话怎么能叫人相信呢?世上根本没有这种人。"

连叔批评了肩吾,他说:"那是你见识短浅,你的思想见识不能和接舆相提并论。他说的这个神仙与万物融为一体,他站在那里,这个世界就会安定,世上没有外物能伤害他,他所留下的尘埃之类的废物,也可造就出尧、舜那样的圣贤人君来,对于他来说,就连治理一个国家,也是一件渺小的事。"

出口成章

成语游乐园

 成语动物园

找找规律，把下面的成语补充完整吧！

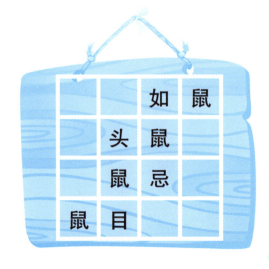

## 成语中的动物

把下面的成语都填充完整，猜一猜说的是哪种动物吧！

○阔天空　○应外合

○长长久久

○容月貌　○强中干

○冠楚楚

○水架桥　○众我寡

○山人海

○虎归山　○守成规

○深火热

# 第七章

## 狐狸与狼

一天,一群狐狸在森林里觅食,屠夫驾着马车飞快跑过,一大块新鲜的肉掉在了地上。狐狸们欣喜若狂,争先恐后地跑过去,在肉的周围围成一圈。这块肉非常大,闻起来也很香,狐狸们准备大快朵颐。这时一个老狐狸说:"我们不能争抢,一旦我们抢起来,强壮的狐狸就会吃得撑死,而瘦弱的狐狸却吃不到肉。为了避免这种情况,我们需要一个分配者,让它把肉公平地分给每一只狐狸。"

狐狸们都觉得有道理。这时一只狼路过这里,这只狼长得高大威猛,老狐狸觉得它应该是个公正无私的人,于是决定让狼来分配食物。狼按照要求分配了肉,每只狐狸都得到了一块,狼也得到了一块肉作为奖励,大家都非常满意。

第二天,狐狸们又找到狼,让它继续分配食物。但是

狼早就对剩下的肉 垂涎欲滴，决定自己独占，于是它露出獠牙，驱赶前来讨要肉块的狐狸们。狐狸们不是狼的对手，只好 忍气吞声 地离开了。

老狐狸说："我以为它是个好人，却没看到它的 狼子野心。它真是一个 道貌岸然 的小人。"狐狸们都很失望，它们不想就这么被欺负，于是决定找森林之王来主持公道。老狐狸找到了老虎，并把狼的卑鄙行径告诉了它。老虎很生气，它觉得狼的行为不仅伤了狐狸们的心，也让它这个森林之王蒙羞。

老虎带着狐狸们来到了狼的家。此时狼正在房间里吃肉，它哼着歌 扬扬得意，对自己做的事一点儿也不感到羞耻。老虎冲进狼的家，狼一看老虎来了，立刻吓得 瑟瑟缩缩，转身就想逃跑。老虎仰天长啸，一下子就抓住了它。

狐狸们用绳子把狼捆起来，交给了老虎，老虎把剩下的肉还给了狐狸们。狼得到了应有的惩罚，被关进了牢里，很长一段时间都没吃到肉。

出口成章

成语小词典

**xīn xǐ ruò kuáng**
**欣喜若狂**

【解释】欣：开心快乐。狂：发狂。高兴得好像要发狂一样。

【示例】卫星被成功送上了太空，工作人员们欣喜若狂。

**zhēng xiān kǒng hòu**
**争先恐后**

【解释】争着向前，唯恐落后。

【示例】课堂上，同学们争先恐后地回答老师的问题。

**dà kuài duǒ yí**
**大快朵颐**

【解释】朵颐：鼓动腮颊，即大吃大嚼。指痛痛快快地大吃一顿。

【示例】这家饭店的菜非常好吃，客人们大快朵颐。

**gōng zhèng wú sī**
**公正无私**

【解释】办事公平公正，没有私心。

【示例】这个法官一直秉公执法，大家都夸他是一个公正无私的人。

**chuí xián yù dī**
**垂涎欲滴**

【解释】涎：口水。馋得连口水都要滴下来了。也比喻眼红别人的东西，极想得到。

【示例】橱窗里摆放着各式各样的蛋糕，惹得孩子们垂涎欲滴。

**rěn qì tūn shēng**
**忍气吞声**

【解释】受了气只能强行忍受，不敢说出来。

【示例】他性格直爽，对于别人的恶意指责，从来不忍气吞声。

**láng zǐ yě xīn**
**狼子野心**

【解释】狼崽虽小，本性凶残。比喻凶暴的人居心狠毒，本性难改。

【示例】他已经暴露了他的狼子野心，我们要坚决把他踢出队伍。

**dào mào àn rán**
**道貌岸然**

【解释】原本形容神态庄严肃穆。后用来讥讽那些表面上装得正经，而实际上表里不一的人。

【示例】他是个贪官，一直以来道貌岸然，不知道骗了多少人。

**yáng yáng dé yì**
**扬扬得意**

【解释】形容非常得意、神气十足的姿态。

【示例】他比赛得了冠军，一整天都扬扬得意。

**sè sè suō suō**
**瑟瑟缩缩**

【解释】形容因寒冷、惊恐而浑身颤抖、蜷缩。

【示例】外面下起了大雪，他立刻瑟瑟缩缩地进屋了。

## 成语大练兵

下面给出了五个成语,请你用这些成语把句子补充完整吧!

欣喜若狂　　争先恐后　　大快朵颐

公正无私　　瑟瑟缩缩

1. 下课铃响了,同学们(　　)地跑到了操场上,校园里瞬间充满了欢声笑语。

2. 他做事(　　),因此得罪了很多人,可即使这样,他依旧坚持自己的做法。

3. 商场里的美食广场终于开业了,小明和同学们都非常开心,准备去(　　)。

4. 为了等公交车,他在寒冷的北风中(　　),手脚都冻僵了,只能不停地搓手取暖。

5. 过生日时,爸爸送给乐乐一只可爱的小狗,乐乐顿时(　　),抱着小狗开心极了。

## 出口成章

### 成语小故事

## 狼子野心

从前有个富人出去打猎，偶然间，他得到了两只小狼崽。富人见它们可怜，不忍心杀害它们，就将这两只狼崽带了回去，与家犬混在一起圈养。两个狼崽渐渐长大了，它们没有咬人，看起来很驯服，富人就忘了它们是狼，不再关着它们。

一天，富人在客厅里睡午觉，忽然听见家里的狗躁动不安，不断发出"呜呜"的叫声。富人被惊醒了，他起来朝四周看看，却没有发现一个人。富人以为自己听错了，就再次躺了下来准备睡觉。不一会儿，狗又像先前一样开始大声叫唤，富人觉得奇怪，便一边假装睡觉，一边观察情况。原来是那两只狼，它们想趁富人睡觉的时候去咬他的喉咙，而家里的狗一直阻止狼，不让它们上前，这才发出"呜呜"的叫声。富人不禁一阵后怕，他立刻杀了两只狼，并剥下了它们的皮，说："狼子野心，这句话一点儿也没有冤枉你们啊！"

# 道貌岸然

程颢（hào）和程颐是北宋著名的理学家和教育家，他们二人都怀有崇高的理想，是非常有气节的文人。程颢和程颐很受人尊敬，经常有人宴请他们到家中做客。一次，一个高官宴请了程颐，为了好好招待他，高官邀请了一些歌伎前来助兴。程颐一看勃然大怒，说："我是一个堂堂的理学家，你这么做是在侮辱我吗？"高官连忙道歉说："是我鲁莽了，但是我邀请你哥哥时也请了歌伎，你哥哥却没有拒绝。"

程颐不相信，回去质问程颢。程颢承认了这件事，程颐立刻说："你真是个道貌岸然的人，我们文人的气节你都不要了。"程颢笑着说："我是'桌上有伎，心中无伎'，而弟弟你却总是在意这件事，看来你的修养还没有达到我的境界啊！"

## 出口成章

成语游乐园

**找朋友**　　左侧成语的朋友都在右侧成语里,它们意思相近,快把它们找出来吧!

| 一盘散沙 | 痛改前非 |
| 杞人忧天 | 沉鱼落雁 |
| 滔滔不绝 | 庸人自扰 |
| 寸步不离 | 望梅止渴 |
| 半斤八两 | 乌合之众 |
| 洗心革面 | 不相上下 |
| 闭月羞花 | 口若悬河 |
| 画饼充饥 | 形影相随 |

## 合二为一

左边的两个成语都缺了一个字，先把它们补充完整，再把填上去的字组合起来，看看能不能填到右边的成语里。

狂风暴（　）+ 军（　）如山 = 七（　）八落

（　）帼英雄 +（　）夫俗子 = 一（　）风顺

（　）积月累 + 肝肠（　）断 = 审（　）度势

（　）庭若市 +（　）濡目染 = 充耳不（　）

枪（　）弹雨 + 危在旦（　）=（　）笔生花

无与伦（　）+（　）有余辜 = 坐以待（　）

高（　）一等 + 大快（　）心 =（　）善如流

走（　）闯北 + 鸡（　）不宁 = 借花（　）佛

59

# 第八章

## 九色鹿

很久以前,森林里住着一头神鹿。它身上有着五彩缤纷的美丽花纹,见过它的人都叫它九色鹿。九色鹿性情温和,平易近人,经常帮助那些身处困境的人们。

有一天,一个捕蛇人在森林里落了水,就在他奄奄一息的时候九色鹿出现并救下了他。九色鹿把捕蛇人驮上了岸,并对他说:"我不希望别人来找我,你出去后不要告诉别人我住在这个森林里。"捕蛇人对九色鹿感激不尽,连忙答应下来。然而,捕蛇人是个忘恩负义的人,他回到城里后,马上把九色鹿救了自己的经历说给了国王和王后听。王后有一副蛇蝎心肠,她给了捕蛇人很多的钱,并对他说:"听说九色鹿的毛皮非常美丽,我想用它的皮来做件美丽的衣服。"国王是个昏庸无道的君王,他为了讨王后的欢心,打算带人去森林里捕杀九色鹿。捕蛇人唯利是图，立即答应了国王和王后的要求。

第二天，捕蛇人又来到了他曾经落水的地方。他假装落水并大声呼救，很快九色鹿出现了并且再次救下了他。就在这时，水潭周围出现了许多持箭的士兵。国王和王后看见九色鹿美丽的皮毛后就想要立即得到，随着王后一声令下，万箭齐发，无数的利箭纷纷射向九色鹿。就在这千钧一发之际，九色鹿身上发出耀眼的金光，那些弓箭一瞬间都化成了灰烬。

国王和王后这才知道九色鹿是神鹿，他们因为害怕它身上的神力，吓得魂飞魄散，跌坐在了地上。捕蛇人自知背叛了神鹿，还带人过来捕杀它，必然会受到惩罚，于是他立即转身逃走。慌忙之中捕蛇人又落进了水里，这次九色鹿没有再去救他，捕蛇人为自己的恶行付出了生命的代价。

九色鹿见已经有人受到了惩罚，就不再处罚剩下的人。它美丽纯白的鹿角和色彩艳丽的皮毛渐渐发出神圣的光芒，不一会儿，九色鹿就消失在了森林之中。

# 出口成章

## 成语小词典

**wǔ cǎi bīn fēn**
**五彩缤纷**
【解释】五彩：各种颜色。缤纷：繁多交错的样子。形容色彩繁多艳丽。
【示例】海底珊瑚密布，鱼儿穿梭，真是一个五彩缤纷的世界啊！

**píng yì jìn rén**
**平易近人**
【解释】平易：本指道路平坦，比喻态度温和。形容为人谦逊、和蔼，使人容易接近。
【示例】我们老板平易近人，跟员工们的关系都很好。

**yǎn yǎn yì xī**
**奄奄一息**
【解释】奄奄：气息微弱的样子。呼吸微弱，只剩下一口气。形容人生命垂危，即将死亡。又比喻事物即将消亡或者毁灭。
【示例】这个医生把奄奄一息的病人救了回来，大家都夸他医术高明。

**gǎn jī bú jìn**
**感激不尽**
【解释】感激的心情没有穷尽。形容非常感激。
【示例】朋友们在他最困难的时候帮助了他，这使他感激不尽。

**wàng ēn fù yì**
**忘恩负义**
【解释】恩：恩惠。负：辜负、背弃。义：情谊。指忘记别人对自己的好处，背弃了情谊，做出了对不起别人的事。
【示例】做人不能忘恩负义，否则你的朋友会越来越少。

**shé xiē xīn cháng**
**蛇蝎心肠**
【解释】形容人阴险狡诈，心肠狠毒。
【示例】这个人表面看很老实，内里却是一副蛇蝎心肠。

**hūn yōng wú dào**
**昏庸无道**
【解释】糊涂平庸，凶狠残暴，不讲道义。多用指糊涂无能且残暴凶狠的帝王。
【示例】商纣王凶狠残暴，昏庸无道，人们怨恨至极。

**wéi lì shì tú**
**唯利是图**
【解释】唯：单单。利：利益、好处。图：图谋。指图谋私利，别的都不管不顾。
【示例】开发商唯利是图，盖的房子偷工减料，质量根本不过关。

**qiān jūn yī fà**
**千钧一发**
【解释】千钧重物用一根头发系着。比喻万分危急或异常要紧。
【示例】在千钧一发的时刻，一个好心人跳进水里把他救了上来。

**hún fēi pò sàn**
**魂飞魄散**
【解释】魂魄都被吓得飞散了。形容人惊恐万分，不知所措。
【示例】这群歹徒正在打架，看见警察来了，吓得魂飞魄散。

下面给出了五个成语，请你用这些成语把句子补充完整吧！

五彩缤纷　　平易近人　　奄奄一息

感激不尽　　千钧一发

1.老教授（　　），一点儿架子也没有，同学们都喜欢和他聊天和讨论问题。

2.小明的作文在老师的指导下得了一等奖，对于老师的帮助，小明（　　）。

3.就在这（　　）的时刻，他跳进了冰冷的河水中，把（　　）的小孩拖到了岸边。赶来的医生立即开始抢救，溺水的小孩终于脱离了危险。

4.圣诞节到了，街上到处都摆放着美丽的圣诞树，（　　）的小灯挂满树梢，充满了节日的气息。

## 平易近人

西周初期,周成王年幼继位,周公旦辅佐他处理朝政。周公旦的长子叫伯禽,他代替父亲到鲁国做鲁公,而太公姜子牙被分封到了齐国。三年之后,伯禽才回朝向周公旦汇报鲁地政务。周公旦问他:"你为什么回来得这么晚?"伯禽回答说:"我修改了鲁国的礼俗,要见到效果得花很长时间,所以我才回来得晚。"

而在那之前,姜子牙到封地后五个月便回朝汇报政务。周公旦问姜子牙:"你怎么回来得这么早?"

姜子牙回答说:"我简化了齐国的君臣礼仪,一切从简。"姜子牙后来听说了伯禽汇报政事的情况,长叹道:"鲁国后世必定会臣服于齐国。政治如果不简要平易,民众就不愿意接近。只有平易近人,民众才会归附。"

# 千钧一发

枚乘是西汉时期著名的文学家，写过许多辞赋。起初，枚乘在吴王刘濞（bì）手下做郎中。刘濞是汉高祖刘邦的侄子，性情剽悍勇猛，是个有野心的人。刘濞在封地内私自造钱、煮盐，扩张自己的势力，试图谋朝篡位。

枚乘知道后，就去劝说刘濞放弃这个打算，他说："用一根头发系上千钧重的东西，上面悬在没有尽头的高处，下边是无底深渊，这种情景就是再愚蠢的人也知道是极其危险的。如果上边断了，那是接不上的；如果坠入深渊，也就不能取上来了。所以，你反叛汉朝，就如这根头发一样危险啊！"

刘濞并没有听从枚乘的话，枚乘只好离开吴国，投奔梁国。后来，刘濞带领楚、赵等七国公开叛乱。汉朝大将周亚夫率军平定了七国之乱，刘濞最终兵败被杀。

 **歇后语**　　读一读这些有趣的歇后语，你能猜出对应的成语吗？

| 泥菩萨过江 | 难保 |
| 许多人看电影 | 有　共 |
| 千人大合唱 | 口　声 |
| 广东人唱京剧 | 南　北 |
| 王母娘娘走亲戚 | 云　雾 |
| 强盗抓小偷 | 喊　贼 |
| 一脚踩进沼泽里 | 不能 |
| 好心当作驴肝肺 | 不识 |

 **花团锦簇**　　成语森林里有很多美丽的花，快去欣赏吧！

# 第九章

## 孔融让梨

孔融是东汉末年的文学家,是孔子的二十世孙。孔融小的时候聪明好学,四岁时就能背诵很多诗词歌赋,所以见过他的人都夸赞他天资过人、聪明伶俐。

孔融的家里有五个哥哥和一个弟弟,他们一直相处融洽,每天都和和睦睦,手足情深。有一次,孔融的祖父过六十大寿,家里宾客盈门,其中一位是孔融父亲的朋友,他带了一盘梨过来。刚刚从树上摘下来的梨果香四溢,看起来就十分好吃,于是父亲把孔融和他的兄弟们都喊到身边,将那一盘梨交到孔融的手上,让他把梨分给家里的兄弟们吃。

孔融接过梨,很快就按照长幼次序把梨分了出去。分到最后的时候,盘子里只剩下一个最小的梨,孔融自然而然地拿到了自己手上，然后把盘子递还给了父亲。父亲看他分给自己最小的梨，心中很诧异，但是却不动声色地问他："你自己分的梨，为什么哥哥弟弟都拿到大的，你反而只拿了一个最小的呢？"

孔融不假思索地回答说："哥哥们比我年长，自然要分大的梨。弟弟比我小，我当然要让着他。所以我拿了最小的。"父亲听到这个回答后非常高兴，脸上露出了欣慰的笑容，他觉得孔融将来必成大器。父亲的朋友在一旁也看到了孔融分梨，他觉得孔融小小年纪就如此懂事，真是难能可贵。很快，孔融让梨的故事就传遍了大街小巷，孔融也成了孩子们争相学习的榜样。这个故事告诉我们要懂得谦让的礼仪，学会尊老爱幼，不要什么事情都只想着自己，要多替他人着想，不能自私自利。

出口成章

成语小词典

**cōng míng líng lì 聪明伶俐**
【解释】形容小孩头脑机灵，活泼乖巧的样子。
【示例】他聪明伶俐，老师们都很喜欢他。

**shǒu zú qíng shēn 手足情深**
【解释】形容兄弟姐妹或朋友之间感情好。
【示例】他们两个人从小一起长大，手足情深，感情很好。

**bīn kè yíng mén 宾客盈门**
【解释】指来客很多。
【示例】过去他家总是宾客盈门，如今却是门可罗雀。

**zì rán ér rán 自然而然**
【解释】自由发展，必然这样。指某事不用人为干预而自然如此。
【示例】他现在还小，不懂事，长大后自然而然就会明白了。

**bú dòng shēng sè 不动声色**
【解释】声：言谈。色：脸色。不说话，不流露感情。形容神态镇静。
【示例】他不动声色地靠近歹徒，乘其不备，一举将其拿下。

**bù jiǎ sī suǒ 不假思索**
【解释】指说话做事迅速，不用思考。
【示例】爸爸问他要不要去游泳，他不假思索地答应了。

**nán néng kě guì 难能可贵**
【解释】难能：难以做到。可贵：值得珍视或重视。形容做到了难以做到的事，值得珍视。
【示例】这种舍己救人、不求回报的精神是非常难能可贵的。

**dà jiē xiǎo xiàng 大街小巷**
【解释】城镇里的街道里弄，概指城市里的各处地方。
【示例】每当佳节来临，大街小巷都洋溢着喜庆的气氛。

**zūn lǎo ài yòu 尊老爱幼**
【解释】尊老：尊敬长辈。爱幼：爱护晚辈。形容人的品德良好。
【示例】每一个家长都希望自己的孩子能够学会尊老爱幼。

**zì sī zì lì 自私自利**
【解释】只为自己打算，只顾自己的利益。
【示例】自私自利的人是不会交到真心的朋友的。

 **成语大练兵**　　下面给出了五个成语，请你用这些成语把句子补充完整吧！

聪明伶俐　　手足情深　　难能可贵

尊老爱幼　　自私自利

1. 他的妹妹活泼可爱、（　　），背唐诗时总是摇头晃脑、声情并茂，家里人都非常喜欢她。
2. （　　）是中华民族的传统美德，我们要将之继承和发扬光大。
3. 即使他的家庭条件很困难，他也没有放弃学习，成绩一直名列前茅，这种精神真是（　　）。
4. 她是一个慷慨无私的人，从来不会利用别人，所以她非常讨厌（　　）的人，从不和这些人做朋友。
5. 他和弟弟（　　），在学校里，他总是保护弟弟不被别人欺负，他们俩也总是形影不离。

## 成语小故事

### 手足情深

从前有一户人家,自从父母去世后,长子田真就独自拉扯两个弟弟长大。等兄弟三个人都成年后,他们觉得该独自生活了,就决定分家。由于三人手足情深,所以分家时没有闹出矛盾。

到最后的时候,家里就剩下院子里的一棵大树没有分了。田真看着这棵大树说:"我明天把这棵树砍成三段,我们一人一段。"第二天,田真拿着斧子来到院子里,发现大树竟然枯萎了,弟弟们都觉得不可思议。田真扔掉手中的斧子说:"这棵树在我们家院子里生长了几十年,它不想我们把它的躯干分开。这也教育了我们,我们是亲兄弟,手足情深,是不能分割的。"

因此,三兄弟从此不再提分家的事,一直生活在一起,而院子里的大树也恢复了生机,变得枝繁叶茂。

# 不动声色

韩琦是北宋的政治家、词人,曾经做过十多年的宰相,辅佐过三个皇帝,同时他也被贬谪过,在地方上当小官。但是不论在朝中当宰相,还是在外任职,韩琦始终关心国家大事,忠心报国。有些人在仕途不顺的时候,平庸的人或者小孩都会嘲笑他,但当他成为大官后,他就会非常得意,在曾经嘲笑他的人面前耀武扬威。韩琦认为这些计较恩仇、图一时痛快的行为是可耻的。

韩琦心系天下,从不在乎功名富贵,不论遇到什么事情,他的气节始终如一。当面临重大事件、决定重大问题时,他衣带齐整,不动声色,神态镇静,能把事情安稳地解决。这样的人才称得上是国家的重臣,被后人所敬仰。

出口成章

## 成语游乐园

**盖房子**　　小兔子盖新房子,需要一些坚固的砖头,请你用圆圈把它们圈出来吧!

| 固若金汤 | 不堪一击 |
| 摇摇欲坠　历久弥坚 | 稳如泰山　坚不可摧 |
| 铜墙铁壁 | 牢不可破 |
| 危在旦夕 | 坚如磐石　岿然不动 |
| 森严壁垒 | 脆而不坚 |

## 成语摩天轮

摩天轮要启动啦,把成语补充完整,让它赶紧转起来吧!

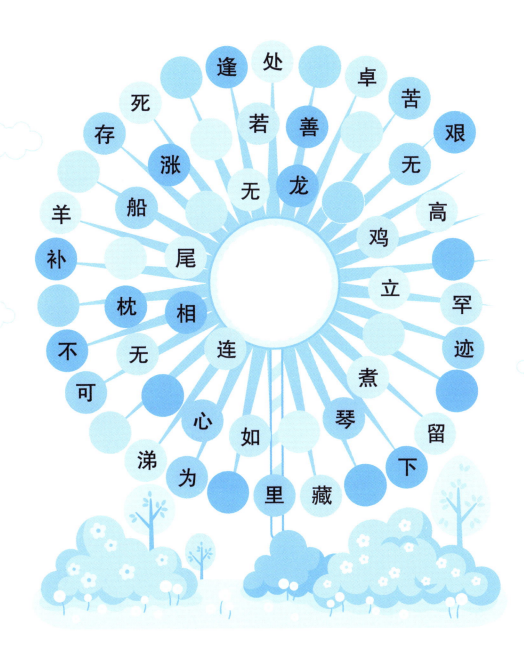

# 第十章

## 猫和老鼠

在一个电闪雷鸣的晚上,一只猫被雨淋了,浑身湿透,又冷又饿。然而田野非常荒凉,猫怎么也找不到避雨的地方。就在猫准备放弃的时候,它发现了一个老鼠洞,这个洞非常小,猫钻不进去。这时它听见了里面的动静,原来洞里面住了一只老鼠。

猫决定吃掉老鼠,再占领这个洞穴,于是它装作非常虚弱的样子躺在洞口,说:"我是一只贫病交加的猫,身世凄凉,如今又遇到暴雨,里面的好心人能让我进入你的家躲躲雨吗?"老鼠害怕外面的猫,说道:"我不能放你进来,我们是天生的敌人,你进来后一定会吃掉我的。"

猫继续劝诱,说道:"你若是救了我,我一定会知恩图报,不会伤害你,等雨停了我就离开。"老鼠还是不愿意让猫进来，说："我不能相信你的花言巧语，如果一时鬼迷心窍听信了你的话，只会引火烧身，最终自食其果。"外面的猫看老鼠如此坚决，它的计划无法实行，只好大声说："我马上就要死了，你见死不救，将来一定会遭报应的。"

老鼠动摇了，它看见猫真的非常虚弱，于是咬咬牙，把洞口挖大一点儿，把猫拖进了洞。老鼠洞干燥温暖，猫很快就恢复了精力。猫一边向老鼠道谢，一边悄悄地把洞口用身子堵住。老鼠发现了猫的意图，立即躲开，说道："你这个背信弃义的家伙，刚才信誓旦旦的诺言你都忘记了吗？"

猫才不管自己刚才说了什么，它开始追赶洞里的老鼠，此时它心里已经乐开了花，想着今晚终于能饱餐一顿了。这时一个猎人带着猎狗前来打猎，猎狗听见老鼠洞里有动静，以为是狐狸，便大叫起来。猫非常害怕猎狗，它连忙跑出洞穴准备逃命。但是猎狗早已经准备好了，猫一出来就被猎狗抓住了。

# 出口成章

## 成语小词典

**电闪雷鸣** (diàn shǎn léi míng)
- 【解释】雷电交加，即将下大雨的样子。比喻声势很大或速度极快。
- 【示例】外面电闪雷鸣，你现在出去很不安全。

**贫病交加** (pín bìng jiāo jiā)
- 【解释】指贫穷和疾病一起压在身上，处境很艰苦。
- 【示例】这个老人贫病交加，志愿者们经常来看望他。

**知恩图报** (zhī ēn tú bào)
- 【解释】知道受了别人的恩惠，就应予以报答。
- 【示例】得到别人的帮助，我们就要知恩图报，不能忘记。

**花言巧语** (huā yán qiǎo yǔ)
- 【解释】原指铺张修饰、内容空泛的言语或文辞。现多指动听却虚假的话。
- 【示例】我们要学会保护自己，不能被坏人的花言巧语所蒙骗。

**鬼迷心窍** (guǐ mí xīn qiào)
- 【解释】被鬼怪迷惑住了心神。指对问题认识不清。
- 【示例】要不是当初鬼迷心窍，犯下了大错，他如今也不会落得如此下场。

**引火烧身** (yǐn huǒ shāo shēn)
- 【解释】比喻自讨苦吃或自取灭亡。
- 【示例】大家都不愿插手这件事，怕引火烧身，只有他挺身而出。

**自食其果** (zì shí qí guǒ)
- 【解释】做错事后自己尝到了后果，受到了惩罚。
- 【示例】你这是自食其果，怨不得别人。

**见死不救** (jiàn sǐ bú jiù)
- 【解释】看见别人有难而不去救援。主要形容人冷酷无情。
- 【示例】他是个热心肠的好人，看到别人遇难，绝对不会见死不救。

**背信弃义** (bèi xìn qì yì)
- 【解释】违背诺言，不讲道义。多指朋友间出卖友谊。
- 【示例】他的朋友背信弃义，害得他吃了很多苦头。

**信誓旦旦** (xìn shì dàn dàn)
- 【解释】信誓：表示真诚的誓言。旦旦：诚恳的样子。指誓言真实可信。
- 【示例】他信誓旦旦地对爸妈说，这次考试一定会得第一名。

成语大练兵　　下面给出了五个成语，请你用这些成语把句子补充完整吧！

电闪雷鸣　　知恩图报　　花言巧语

见死不救　　背信弃义

1.（　　）之后，暴雨就下了起来，雨越来越大，雨点儿打到窗玻璃上，发出"噼噼啪啪"的响声。

2.他的同伴们正处在艰难的困境里，没想到他不但（　　），而且还把他们的最后一丝希望给弄没了，真是一个（　　）的人。

3.他是一个（　　）的人，对于别人的帮助，他总是记在心里，想着有一天能够报答他们。

4.这个老板是个诚实守信的人，从来不会用（　　）来骗取别人的信任。

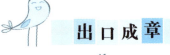

# 知恩图报

赵宣子是春秋时期著名的政治家和军事指挥家,是晋国的卿大夫。鲁宣公二年,赵宣子在首阳山打猎,半路上看到一个人面黄肌瘦、体虚无力,就上前询问他的病情。那个人说:"我已经三天没有吃饭了。"于是赵宣子准备了饭菜给他吃。那个人吃了一半就不再吃了,赵宣子问他为什么,那个人回答说:"我三年没有回家了,家里面的老母亲不知是否健在,我现在离家近,我要把饭菜带回去给我的母亲。"赵宣子被他的孝心感动,又另外准备了一桌饭菜给他带回去。

晋灵公是个昏庸无能的君王,他派人去刺杀赵宣子。在搏斗过程中,一个武士反过来救了赵宣子,原来这个武士就是以前赵宣子赠送饭菜的人。这个武士知恩图报,报答了赵宣子当年的"一饭之恩",让他成功脱险。

# 自食其果

宋朝的时候，有个大官叫丘濬（jùn）。有一次他去庙里办事，遇到了一个和尚。那个和尚看他衣着简朴，不像是做官的人，于是就对他爱理不理，没有热情招待他。过了一会儿，庙里来了一个军官的儿子，那个人衣着华贵，前呼后拥，和尚立即上前招待，十分热情。丘濬看到这一切后很生气，等到那个军官的儿子离开后，他就去质问和尚说："你为什么要这样对待我？"

和尚立刻狡辩说："我虽然表面上对他客气，但是我的心里却不这样想；我对你表面上不客气，但是我的心里却对你很客气。"

丘濬听了和尚的话，立刻用手中的拐杖打了和尚一下，他说："按照你的说法，我现在打了你，但其实内心是爱你。如果我不打你就是恨你，那么我只能打你了。"和尚自食其果，吃了亏挨了打，却又无话可说。

出口成章

成语游乐园

大家来找路

小猴子要从山顶下山来，但是它迷路了，你能帮帮它吗？

## 合二为一

在空格里填入正确的字，再写出同时包含这两个字的成语来。

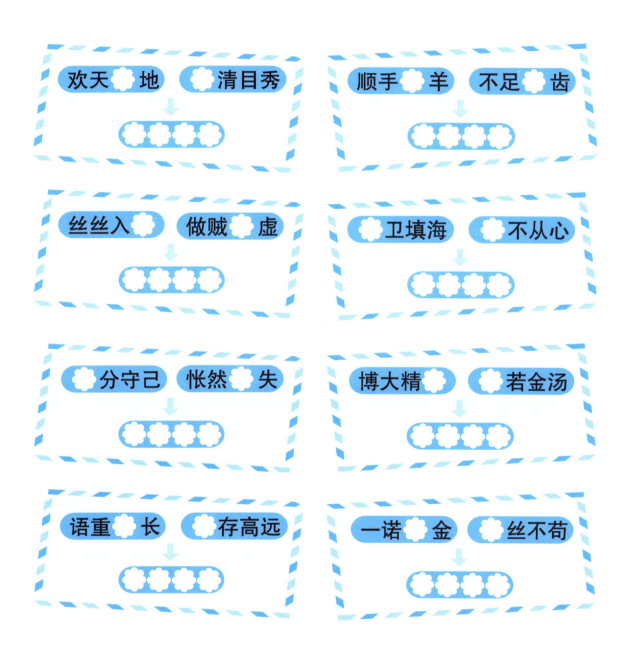

# 第十一章

## 少年才子——王勃

王勃是唐朝人,与杨炯、卢照邻、骆宾王共称为"初唐四杰"。王勃出身于书香门第,从小就饱读诗书,特别是在写文章方面天资聪颖。据记载,他6岁便能出口成章,9岁就能读懂《汉书》。16岁那年他科举及第,称为朝散郎(唐朝文官的一种)。

在唐高宗上元二年的重阳节那天,南昌都督阎伯屿重建滕王阁,大摆宴席。宴会当天,阎伯屿邀请了许多文人墨客,这些人纷纷为滕王阁题诗作序。阎伯屿举办此次宴会还有一个目的,是给他的女婿吴子章一次展示才学的机会。吴子章提前写好了文章,只要时机成熟,便会当众展示出来。当天王勃探访亲戚恰好路过此地，听闻了此事，便毛遂自荐想要参加这个宴会。

据说看守滕王阁入口的门卫见王勃年轻，不愿意让他进入，便想出题刁难他，没想到王勃对答如流，门卫只好放他入内。在宴会上，王勃被滕王阁巍然屹立的美景深深吸引住了，他看到远处天连着水，水连着天，水天一色，迎着落日的余晖，一只野鸭在河中悠闲自在。王勃思如泉涌，当场写下了著名的《滕王阁序》，在座的文人雅士看完他写的文章后无不称赞。本来给女婿准备的宴席，却被一个年轻人抢了风头，阎伯屿自然是不高兴的，但看了王勃的文章后，他也忍不住地钦佩，称他为奇才中的奇才。文中的一句"落霞与孤鹜齐飞，秋水共长天一色"至今仍广为流传。而王勃的这个小故事也被世人津津乐道。

## 成语小词典

**shū xiāng mén dì 书香门第**
【解释】指世代都是读书人的家庭。泛指好的家庭背景。
【示例】他出自书香门第,父母都是大学教授。

**bǎo dú shī shū 饱读诗书**
【解释】读了很多书。形容一个人有学问。
【示例】他从小饱读诗书,长大后考取功名,成为国家的栋梁之才。

**tiān zī cōng yǐng 天资聪颖**
【解释】形容一个人天赋极佳,聪明而且具有慧根。
【示例】他天资聪颖,什么东西教他一遍就能学会。

**chū kǒu chéng zhāng 出口成章**
【解释】脱口而出的话都能成文章。形容人口才好,文思敏捷。
【示例】想要出口成章,就要多读书,多学习有用的知识。

**wén rén mò kè 文人墨客**
【解释】泛指文人学士。
【示例】这个地方景色优美,许多文人墨客都在这里留下了赞美的诗句。

**máo suì zì jiàn 毛遂自荐**
【解释】自荐:自我推荐。比喻自告奋勇地自我推荐。
【示例】班会上,他毛遂自荐,推举自己当班长。

**duì dá rú liú 对答如流**
【解释】对答:回答。回答问话像流水一样快。形容口才好,反应快。
【示例】记者会上他对答如流,给人留下了深刻的印象。

**wēi rán yì lì 巍然屹立**
【解释】巍然:极高的样子。屹立:直立高耸。比喻像高山一样直立地上,不可动摇。
【示例】纪念碑巍然屹立在广场中央,吸引了大批游客前来观赏。

**sī rú quán yǒng 思如泉涌**
【解释】才思像喷涌的泉水。形容才思敏捷。
【示例】他思如泉涌,不到半个小时就把作文写好了。

**jīn jīn lè dào 津津乐道**
【解释】津津:兴趣浓厚的样子。指很有兴趣地说个不停。
【示例】他乐善好施的行为一直被人津津乐道。

## 成语大练兵

在下面的几个情境中，可以用什么成语匹配呢？

书香门第　　饱读诗书　　毛遂自荐

对答如流　　津津乐道

1.他从小就喜爱看书，只要有时间就拿着书，所以他懂得非常多的知识。有什么成语可以形容他的学识？

2.班会上，老师让同学们选举班长，小明站起来主动要求担任班长一职。有什么成语可以形容小明的行为？

3.过年回来后，小东带了许多家乡的土特产送给自己的同学，并给他们讲了许多关于这些土特产的来源和特色。用什么成语形容小东说话时的样子？

4.张老师博览群书，家里收藏了非常多的书籍，他的几个孩子也都喜欢看书。用什么成语可以形容张老师的家庭？

5.辩论会上，小强思路清晰，应变机敏，不论对方提出什么问题，他都能快速地回答出来。用什么成语可以形容小强在辩论会上的表现？

# 毛遂自荐

战国时期，秦军打败了赵军，秦国大将白起乘胜追击，包围了赵国首都邯郸。赵王惊恐至极，让赵胜去楚国求兵解围。赵胜决定带门客一同前往，其中一个门客站出来说："我叫毛遂，我愿意跟随您一同前往楚国。"

等到了楚国，楚王只接见了赵胜，门客们只能在门外等候。楚王和赵胜在房间内从早晨谈到天黑，却一直没有结果。门客们都很着急，毛遂等不及了，他推门而入，大步跨上台阶，质问楚王为何不愿联合赵国一同抵抗秦国。楚王被激怒了，呵斥毛遂无礼。毛遂又上前几步，按住手中的宝剑说："大王，如今十步之内，您的性命在我手里。"

楚王十分佩服毛遂的勇气，他让毛遂说出他自己的见解，于是毛遂把出兵救赵的好处仔细地说给楚王听，最终楚王心悦诚服，马上答应出兵。

# 出口成章

金农博学多才,是清代书画家,也是扬州八怪之一。扬州有很多盐商,都是富甲一方的人士,他们非常仰慕金农的才华,所以经常邀请他参加宴会。

有一次,金农受邀来到一个宴会,席间,有人提议以"飞红"为题,每人作一首诗。当轮到一个盐商的时候,他想了半天也没有想好,大家都说要罚酒,盐商立刻说:"我想到了,'柳絮飞来片片红'。"宾客们都笑他这是杜撰,金农却说:"他引用得没有错,这是元朝一位诗人的佳作,'廿四桥边廿四风,凭栏犹忆旧江东。夕阳返照桃花渡,柳絮飞来片片红'。"

众人都夸赞金农博学多才,其实这首诗是金农临时编造的,他出口成章,成功地为那位盐商解了围。盐商知道后很感激,第二天他就拜访了金农,并赠送重金作为答谢。

 **成语对联**

填上成语，把下面的对联补充完整吧！

忍一时风平浪静，退一步（　　　）。

（　　　），有容乃大；壁立千仞，无欲则刚。

福无双至今朝至，（　　　）昨夜行。

（　　　）先得月，向阳花木易逢春。

删繁就简三秋树，（　　　）二月花。

书山有路勤为径，（　　　）苦作舟。

（　　　）疑无路，（　　　）又一村。

世本无先觉之验，人贵有（　　　）。

**近义词、反义词**

下面的成语中都有一组近义词或者反义词，看看你能写出多少吧！

○声○气

日○天○

○材○用

出○入○

三○两○

○奇○艳

○龙○虎

承○启○

藏○露○

眼○手○

追○究○

○中生○

口○心○

弄○成○

反○为○

○呼○拥

# 第十二章

## 八尾猫

从前有个小山村,里面的村民很少与外界来往,时间久了,这里就成了一个与世隔绝的地方。村子里的人喜欢养猫,所以村子里有很多猫,它们有的憨态可掬,有的伶俐乖巧,非常招人喜爱。

村子里有个小孩叫阿明,他每天都会上山砍柴。一天傍晚,阿明正在砍柴,林子里突然刮起了大风,头顶的雷声震耳欲聋,大雨来得又急又快。阿明快速躲到一个石洞中避雨,外面大雨如注,阿明在雨声中忽然听见了猫叫声,他仔细一看,发现有一只小猫受伤了,在树下蜷缩成一团。阿明跑了过去,把那只小猫抱进了怀里,雨很快停了,阿明带着小猫回家了。

阿明给小猫包扎了伤口,等猫的毛干了,阿明发现这只猫竟然有八条尾巴,那八条尾巴洁白无瑕,竖起来的时候非常好看。阿明看着小猫,想起爷爷以前讲过的一个故事。

从前，世上有一只八尾猫，它一直想要变成神仙。菩萨说："你去人间做好事，你每做一件好事就会长出一条尾巴，等到你长出第九条尾巴时，你就能心想事成，成为一位神仙。"八尾猫来到了人间，它不断地帮助别人实现愿望。有的人要很多钱，有的人要当大官，有的人要长命百岁，八尾猫为了实现他们的愿望，不得不用自己的尾巴做交换，所以几千年来，八尾猫始终只有八条尾巴，它在人间历经沧桑，一直没能当上神仙。

阿明知道自己救的就是那只八尾猫。八尾猫对阿明说："你救了我一命，我能实现你一个愿望，你有什么想要的吗？"阿明是个知足常乐的人，他觉得现在过得很幸福。他摸了摸八尾猫说："我有一个愿望，就是希望你能有第九条尾巴。"八尾猫惊讶地睁大了眼睛，这是这么多年以来，第一次有人为它许了一个愿望，它也终于有了第九条尾巴。

八尾猫现在终于可以叫九尾猫了，并且如愿变成了神仙。它非常感激阿明，发誓会永远保护阿明，保护这个善良可爱的人。

# 出口成章

## 成语小词典

**与世隔绝** yǔ shì gé jué

【解释】与社会上的人们隔离，断绝来往。形容隐居或人迹不到的极偏僻地方。

【示例】这个小岛与世隔绝，科学家们发现了许多珍贵的物种。

**憨态可掬** hān tài kě jū

【解释】形容动物或人形态天真可爱、单纯的样子。

【示例】大熊猫憨态可掬，非常讨人喜欢。

**伶俐乖巧** líng lì guāi qiǎo

【解释】伶俐：机灵。乖巧：合人心意。形容人聪明机灵，让人满意。

【示例】他的妹妹伶俐乖巧，总是能把别人逗得开怀大笑。

**震耳欲聋** zhèn ěr yù lóng

【解释】形容声音很大，快把耳朵震聋了。

【示例】广场上的欢呼声震耳欲聋，一场盛大的晚会即将开始。

**大雨如注** dà yǔ rú zhù

【解释】注：灌。形容雨下得很大，像是在往下灌似的。

【示例】最近几日大雨如注，河水的水位迅速上涨。

**洁白无瑕** jié bái wú xiá

【解释】瑕：瑕疵。指没有其他颜色污染的白色。现在多用来比喻没有缺点或污点。

【示例】这块玉石洁白无瑕，雕刻好后一定会成为一件珍品。

**心想事成** xīn xiǎng shì chéng

【解释】指心里想到的都能成功。

【示例】今天是她的生日，朋友们都祝福她心想事成。

**长命百岁** cháng mìng bǎi suì

【解释】寿命很长，能活到一百岁。是祝福人长寿的话语。

【示例】爷爷很会保养自己的身体，一定会长命百岁的。

**历经沧桑** lì jīng cāng sāng

【解释】形容饱经忧患，经历了许多变故。

【示例】他年轻的时候历经沧桑，经过多年的打拼，现在终于事业有成。

**知足常乐** zhī zú cháng lè

【解释】知道满足，就会经常快乐。

【示例】做人要学会知足常乐，不能贪得无厌，走上歧途。

**成语大练兵**　　下面给出了五个成语，请你用这些成语把句子补充完整吧!

憨态可掬　　震耳欲聋　　大雨如注

洁白无瑕　　知足常乐

1. 运动会场上，加油声（　　），整个操场都沉浸在一片欢乐的海洋中。
2. 动物园的熊猫馆前挤满了游客，大家对（　　）的大熊猫都非常喜爱，争相拍照留念。
3. 放学了，教室外面（　　），很多同学都没有带伞，只好躲在教室里避雨，等待家长来学校接他们回家。
4. 一场大雪过后，大地铺上了一层厚厚的白雪，（　　），好像一张松软的白色地毯。
5. 爷爷是一个（　　）的人，所以他每天都过得很开心。

## 出口成章

### 成语小故事

# 与世隔绝

武陵郡有个人以打鱼为生,一天,他顺着溪水划船,忽然看见了一片桃花林。渔人对眼前的景色感到十分诧异,他继续往前走,想到林子的尽头去看一看。渔人在桃林的尽头看到了一座山,山上有个小洞口,于是他下了船,从洞口走了进去。

山洞的另一边是一个村庄,人们在田野里劳作,他们看到渔人后都感到非常惊讶,纷纷过来打听消息。他们说他们的祖先为了躲避秦时的战乱,领着妻子、儿女来到这个与人世隔绝的地方,时间久了就跟外面的人断绝了来往。他们问渔人现在是什么朝代,他们竟然不知道有过汉朝,更不必说魏晋两朝了。

渔人停留了几天后便离开了,村里的人让他保守这个秘密。南阳人刘子骥听到这件事后,决定去寻找这个世外桃源,但没有实现,不久就因病去世了。此后就再也没有问桃花源路的人了。

# 知足常乐

明朝有个人叫胡九韶，家境贫寒，他一边教自己儿子读书，一边到田里耕作，所有的收入都用于家里的开销，只够衣食温饱。

每天黄昏的时候，胡九韶都要到门口焚香，非常虔诚地向天叩拜，感谢上天赐给他一天的清福。妻子笑他说："我们家这么穷，一日三餐都是青菜白粥，这样的苦日子怎么谈得上是清福？"胡九韶说："那是你见识短浅。首先，我很庆幸自己生在太平盛世，没有战争兵祸，不用担心流离失所；第二，庆幸我们全家人都能有饭吃、有衣穿，虽然比不上富贵人家，但不至于挨饿受冻；第三，庆幸的是家里床上没有病人，也没有家人被关在监狱里，不用为他们担惊受怕。这不是清福是什么？"胡九韶知足常乐，一直对生活很乐观。

# 成语游乐园

## 六字成语

你认识下面的六字成语吗？快把它们补充完整吧！

| | |
|---|---|
| 〇〇步笑〇〇 | 〇〇不如一见 |
| 有眼不识〇〇 | 挂〇〇卖〇〇 |
| 〇〇不怕火炼 | 〇〇不烂之舌 |
| 〇〇自有天相 | 化〇〇为〇〇 |
| 天有〇〇风云 | 恭敬不如〇〇 |

### 五彩缤纷

小蜜蜂出门采花蜜，花儿的颜色非常多，帮小蜜蜂去认识一下这些颜色吧！

素妆裹

青梅竹马

阳春白雪

黄梁一梦

姹紫嫣红

碧波万顷

青山绿水

蓝田生玉

紫气东来

黄袍加身

红里透白

白面书耳

# 第十三章

## 方仲永

从前有个小孩叫方仲永,他的父亲是个目不识丁的农民,每天都去田里干活,经常早出晚归。方仲永小的时候没有上过学,也不认识书写工具,一天,他突然哭着向自己的父亲要这些东西。他的父亲不知道方仲永为什么要书写工具,因为家里面没有,他就向村子里的人借了一套回来。

方仲永拿起笔,在纸上写了四句诗,内容是有关赡养父母、团结友人的。父亲看了目瞪口呆,周围的人也觉得不可思议,要知道方仲永只有五岁,从没上过学,却能提笔写诗,这真的是闻所未闻的奇事。父亲把方仲永写的诗给村子里的秀才们看,大家都觉得他写得不错。方仲永因此一举成名,大家发现,只要给他一个东西,他立刻就能为这个东西写一首诗出来,所以人们都称他为神童。

方仲永越来越有名气，一些人为了能得到他写的一首诗，不惜花大价钱去邀请他。方仲永的父亲看到儿子能挣钱，非常开心，于是他每天带着方仲永到别人家里写诗，从没考虑让方仲永去上学。而方仲永年幼无知，并不知道父亲的做法是害了他。

等到方仲永十岁的时候，村子里来了一个大名鼎鼎的文人，他听说方仲永被大家称为神童，就到方仲永的家里去找他。当着这个文人的面，方仲永写了一首诗。文人看了看，觉得并没有传说中的那么好，有些名不副实，没有说什么就走了。

十几年后，文人再次来到这个村子里，他又见到了方仲永。这时候的方仲永已经有二十多岁了，文人让他写诗，他却什么也写不出来了。他的才华已经消失殆尽，成了一个普通人。

学习是非常重要的事情。天才不学习，时间长了也会成为普通人，而我们普通人就要更加努力地去学习，这样才会不断成长，将来成为一个有用之人。

## 出口成章

### 成语小词典

**mù bù shí dīng 目不识丁**
【解释】连一个字也不认得。形容人不识字或没有学问。
【示例】他目不识丁，说起话来颠三倒四。

**zǎo chū wǎn guī 早出晚归**
【解释】出去得很早，回来得很晚。形容辛勤工作。
【示例】自从接受这个项目之后，他每天都早出晚归。

**mù dèng kǒu dāi 目瞪口呆**
【解释】形容因吃惊或恐惧而发愣的样子。
【示例】魔术师表演人体切割魔术，把观众吓得目瞪口呆。

**bù kě sī yì 不可思议**
【解释】原有神秘奥妙的意思。现多指无法想象，难以理解。
【示例】这次考试，他从原来的倒数第一变成了第一名，太不可思议了。

**wén suǒ wèi wén 闻所未闻**
【解释】从未听说过。形容事物新奇罕见。
【示例】大家都对这件怪事闻所未闻，就连最年长的老人都不知道。

**yì jǔ chéng míng 一举成名**
【解释】指一下子就出了名。
【示例】他成了奥运冠军后一举成名，现在全国的人都认识他了。

**nián yòu wú zhī 年幼无知**
【解释】年纪小，经验少，不懂事。
【示例】以前他年幼无知，做了很多错事，如今后悔也来不及了。

**dà míng dǐng dǐng 大名鼎鼎**
【解释】鼎鼎：盛大的样子。形容名声很大。
【示例】经过多年的刻苦练习，他终于成了大名鼎鼎的艺术家。

**míng bù fù shí 名不副实**
【解释】副：相称，符合。名声与实际不相符合。比喻空有虚名而无真本事或真业绩。
【示例】这些夸大的广告名不副实，根本是在欺骗消费者。

**xiāo shī dài jìn 消失殆尽**
【解释】事物逐渐减少直至没有。
【示例】这片林子遭到乱砍乱伐，再这样下去，用不了几年就要消失殆尽了。

**成语大练兵**　　下面给出了五个成语，请你用这些成语把句子补充完整吧！

早出晚归　　不可思议　　一举成名

大名鼎鼎　　名不副实

1. 周末，爸爸带着小明去看了魔术表演。魔术师表演了很多精彩的魔术，小明看完后觉得非常（　　）。
2. 小光的爸爸是一名警察，工作非常忙，经常（　　），但是小光依然很爱自己的爸爸，为他感到骄傲。
3. 他写的小说得到了国际大奖，他因此（　　），很多媒体都来采访他，为他宣传。
4. 经过多年的刻苦练习，他终于成了（　　）的书法家，受到了人们的尊重和敬佩。
5. 爸爸带着小明去一家很有名的比萨店吃比萨，但是吃完后，小明觉得这里的比萨口味一般，有点（　　）。

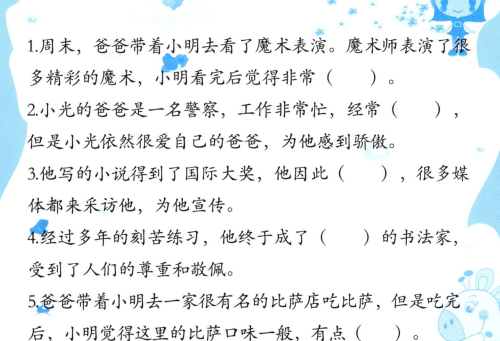

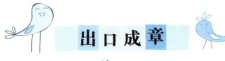

## 目不识丁

从前有个姓丁的财主,他有个儿子,已经十多岁了,却还不识字。于是,财主发出告示,只要有人能教他儿子认识一个字,就给那个人十两银子。

一个秀才看了告示后,就来到了财主家,他心想财主的儿子姓丁,"丁"这个字这么容易写,他的儿子一定会认得。于是秀才每天教财主的儿子去认"丁"字。几天过去了,测试的时间到了,为了保险起见,秀才在财主儿子的手中放了一根钉子,说:"你要是记不得了,就看看手中的钉子。"财主的儿子点点头,表示自己一定会记得。

财主来到儿子身边指着"丁"字,问他:"这个字念什么?"财主的儿子回答不上来。秀才说:"你看看你手中是什么东西?"财主的儿子说:"是个铁棒棒。"秀才气得大骂道:"真是朽木不可雕也!你目不识丁,还害得我失去了十两银子。"

# 早出晚归

王孙贾是战国时期的齐国人，他十五岁时就被招进王宫侍奉大王。公元前284年，燕昭王派乐毅讨伐齐国，齐国大败，燕国军队打进了齐国的首都临淄，齐闵王出逃了。王孙贾当时不在齐闵王身边，等他去寻找时，已经找不到齐闵王了。

王孙贾晚上回到家，他的母亲问他："大王去哪儿了？"王孙贾摇头说不知道。他的母亲说："你以前在朝廷任职，每天早出晚归，我早上送你出门，晚上你回来晚了，我就倚在门边等你回来。你如今侍奉大王，却不知道大王去哪里了，你还回家干什么？"王孙贾听了感到十分羞愧。

后来，王孙贾得知是楚国大将淖齿杀了齐闵王，王孙贾来到集市振臂高呼："淖齿杀了大王，谁想跟我去讨伐淖齿，就脱下右边的衣袖！"刚喊完，马上就有四百多人脱掉了衣袖，要跟着王孙贾去讨伐淖齿。在王孙贾的带领下，众人终于杀了淖齿，为齐闵王报了仇。

# 出口成章

## 成语游乐园

 **一起来做操**　课间操时间到了，大家跟着口令一起来做操吧！

- ◆ 表人才
- 不 ◆ 法门
- 垂涎 ◆ 尺
- 不三不 ◆

- ◆ 话不说
- 接 ◆ 连三
- 货比 ◆ 家
- 挑三拣 ◆

- ◆ 顾茅庐
- 丈 ◆ 和尚
- 一波 ◆ 折
- 丢三落 ◆

- ◆ 海为家
- 合 ◆ 为一
- 约法 ◆ 章
- 说三道 ◆

## 大家来找茬

下面的诗句里都有一个错别字，把它找出来换成正确的字，然后试试根据改动的内容组成成语吧！

例：不识庐山真头目，只缘身在此山中。
头 ➝ 面　改头换面

远上寒山水径斜，白云生处有人家。

羌笛何须怨杨柳，春风不度砖门关。

昔人已乘黄鹤去，此天空余黄鹤楼。

几处早莺争暖树，谁家旧燕啄春泥。

唯有牡丹伪国色，花开时节动京城。

枉费心神空计较，儿孙自有儿孙祸。

两岸猿声啼不住，重舟已过万重山。

# 第十四章

## 神仙果

　　从前有一座山，山里住着一个老神仙。最近老神仙要回天上一趟，于是他叫来山里的小动物们说："我要离开一段时间，洞府需要有人照看，不知道你们当中谁愿意来帮忙呀？"老神仙在山里**德高望重**，小动物们都踊跃争先想要帮老神仙这个忙。最后老神仙选了三个小动物，分别是兔子、猴子和乌龟。老神仙对三个小动物说："我洞府里面有三株神仙草，你们每个人负责一株，记得每天都要浇水。"

　　老神仙临走前又说："为了感谢你们的帮忙，我回来后会送给你们一个惊喜。"三个小动物听了**兴高采烈**，都盼望着老神仙能早点儿回来。

　　第一天，小兔子和小猴子早早地来到了老神仙的洞府，但是小乌龟却**姗姗来迟**。小兔子跑过来说："你怎么才来呀？我和小猴子的活都干完了。"小乌龟笑了笑说:"我走得慢,所以就来迟了。"第二天小乌龟没有迟到,小兔子好奇地问:"你不是走得慢吗?今天怎么没迟到?"小乌龟说:"笨鸟先飞嘛,我今天出发早,这样就不会迟到了。"

就这样过了好几天,小兔子和小猴子渐渐地开始偷起懒来,经常会忘记过来浇水,只有小乌龟每天坚持不懈地过来为神仙草浇水。转眼间三个月过去了,老神仙终于从天上回来了。三个小动物来见老神仙。老神仙看着低头不说话的小乌龟说:"小乌龟,你怎么闷闷不乐啊?"小乌龟说:"我没有照顾好神仙草,它结了颗果子却被我不小心弄掉了。"

老神仙摸着自己的白胡须哈哈大笑说:"你每天都给神仙草浇水,持之以恒,它为了感谢你才结的果子,这果子是神仙草送给你的。这就是我说的要送给你们的惊喜,有了这个神仙果,你以后也会变成神仙。"

一旁的小兔子和小猴子听了老神仙的话,满面羞惭。它们做事半途而废,自然得不到惊喜,而小乌龟言信行直,将来成了神仙也一定会受到别人的尊敬和爱戴。

出口成章

## 成语小词典

**dé gāo wàng zhòng**
**德高望重**

【解释】德：品德。望：声望。形容道德至高，声望极好。

【示例】村长在村里德高望重，村民们有了纠纷都去找他给评理。

**xìng gāo cǎi liè**
**兴高采烈**

【解释】形容人非常高兴开心的样子。

【示例】这次考试得了第一名，他兴高采烈地跑回家告诉了爸妈。

**shān shān lái chí**
**姗姗来迟**

【解释】姗姗：形容走得缓慢从容。指慢腾腾地来晚了。

【示例】今天他姗姗来迟，会议已经进行到一半了。

**bèn niǎo xiān fēi**
**笨鸟先飞**

【解释】飞得慢的鸟先行动。比喻能力差的人在学习或者工作中比别人提前行动，免得落后。

【示例】他知道自己学习基础差，所以他笨鸟先飞，总是会提前预习。

**jiān chí bú xiè**
**坚持不懈**

【解释】懈：松懈。坚持到底，毫不松懈。形容做事持之以恒，有毅力。

【示例】没有过去的坚持不懈，他就没有如今的成功。

**mèn mèn bú lè**
**闷闷不乐**

【解释】闷闷：心情不舒畅，心烦。形容人不开心的样子。

【示例】钱包丢了之后，他一直闷闷不乐，做事情也没有精神。

**chí zhī yǐ héng**
**持之以恒**

【解释】持：保持、坚持。恒：恒心。指一直坚持下去。

【示例】做事要有持之以恒的精神，这样才能成功。

**mǎn miàn xiū cán**
**满面羞惭**

【解释】满面现出了羞愧的表情。

【示例】晓丽满面羞惭，不敢去看爸妈冒火的眼睛。

**bàn tú ér fèi**
**半途而废**

【解释】事情做到一半就放弃了。指做事不能坚持到底，有始无终。

【示例】无论做什么事都要有始有终，不能半途而废。

**yán xìn xíng zhí**
**言信行直**

【解释】指言语信实，行为正直。

【示例】他是个言信行直的人，我们都相信他。

 在下面的几个情境中，可以用什么成语匹配呢？

德高望重　　兴高采烈　　笨鸟先飞

坚持不懈　　闷闷不乐

1. 运动会上，小明跑步时摔了一跤，膝盖皮都擦破了，但他还是坚持跑到了终点。用什么成语可以赞扬小明的精神？

2. 爸爸答应带小明去游乐园玩，但是因为临时有事去不了了，小明有些不开心。用什么成语可以形容小明现在的心情？

3. 小亮是一个转校生，来到新班级，成绩总是不理想，所以他每天都比别人多花几个小时来看书学习。用什么成语可以形容小亮的行为？

4. 爷爷是个大学教授，不论到哪里人们都非常尊敬他。用什么成语可以形容爷爷？

5. 小辉考试得了第一名，妈妈特地为他做了一顿大餐，全家人都非常高兴。用什么成语可以形容小辉现在的心情？

## 成语小故事

## 笨鸟先飞

宋代有一位冯氏，她有三个儿子和一个女儿，三个儿子分别叫陈尧叟、陈尧佐和陈尧咨，女儿叫梅英。冯氏对三个儿子的学业要求非常严格，甚至在家中盖了一个"状元堂"，用来督促他们刻苦读书。当时的科举考试是一年举办一次，大儿子和二儿子先后去参加科举考试，都中了状元。

接下来三儿子也去参加了科举考试，但是他只得了第二名，状元是一个叫王拱辰的人，这个人后来被冯氏招为女婿。得知三儿子考了第二名，冯氏狠狠地责骂了他。三儿子觉得羞愧难当，就发愤苦读，废寝忘食，他对自己的二哥说："二哥，你做了官，我和你相比，我似那灵禽在后，而你只是笨鸟先飞。"

三儿子再次参加了科举考试，终于得中状元。

寇准是朝廷的大官，负责招揽贤士。他听说此事之后，赞叹冯氏一门四位状元，母贤子孝，于是请旨对其加官赏赐。

# 半途而废

东汉时期，有个名叫乐羊子的人，他没有什么远大的志向，读书也不用功。乐羊子有一位非常贤惠的妻子，经常勉励他要有上进心，于是乐羊子出门求学去了。

乐羊子在外面读了一年的书，非常想家，就向老师请假回家探望。回到家后，他的妻子问他为何回家，乐羊子说："我在外面时间长了，很想念家，就回来看看。"妻子得知他还没有完成学业，感到非常失望，她拿起剪刀走到织布机前，把自己辛苦织的布匹剪成两段。乐羊子大吃一惊，问她为何这样做，妻子说："这些布要用线一根一根织，一寸一寸积累，最后才能成为一匹布。你做学问也是一样，要靠日积月累、刻苦钻研才能有所成就，现在你中途回来，不就和这匹布一样半途而废了吗？"

听了妻子的话，乐羊子深受启发，也明白了妻子的良苦用心。乐羊子立刻返回学堂，发愤求学，每天都不放松懈怠，直到七年后完成学业才回家。

# 出口成章

## 成语游乐园

**多音字**

把下面的成语补充完整，看看你补充的字读音是否一样，并请你给它们注上音吧！

♡典忘祖　　不计其♡

♡心如意　　♡孤道寡

泰山北♡　　龙争虎♡

♡精打采　　神出鬼♡

亲密无♡　　♡不容发

长歌♡哭　　愧不敢♡

♡崩离析　　非♡之想

百发百♡　　♡流砥柱

## 寻找反义词

左边的成语和右边的哪个成语互为反义词呢？请你找出来并把它们连在一起吧！

| 爱财如命 | 坐井观天 |
| 半途而废 | 弃若敝屣 |
| 博古通今 | 落井下石 |
| 井然有序 | 坚持不懈 |
| 爱不释手 | 挥金如土 |
| 流芳百世 | 高瞻远瞩 |
| 雪中送炭 | 杂乱无章 |
| 鼠目寸光 | 遗臭万年 |

# 第十五章

## 太阳

从前，有一个国王非常喜欢发光的东西，他一辈子收集了无数珍宝，仓库里的宝物琳琅满目，不胜枚举。国王去世后，他的儿子继承了王位，这个新国王也非常喜欢会发光的东西。新国王从小就看过父亲的收藏，长大后就不再感到新鲜了，但是他又找不到新的会发光的宝物，所以整日郁郁寡欢。朝中的大臣们看见国王不开心，纷纷出谋划策，想让国王开心起来。

一天，国王微服私访来到民间。他在集市里到处游玩，集市上的人摩肩接踵。国王走到一个饭馆前，看见里面非常热闹，一个说书人正在台上说故事。

说书人说得眉飞色舞，他说："你们知道这世界上最亮的东西是什么吗？"底下的人都说是国王收集的宝物，因为国王喜欢会发光的东西，这件事已经尽人皆知。说书人摇摇头说："不对，世界上最亮的东西是太阳。太阳能照亮世间万物，它的光辉无与伦比。"

国王听后恍然大悟，自己一直寻找的东西不就是太阳吗？回到皇宫后，国王就对手下的工匠下命令，要求他们打造一双能飞上天的翅膀。国王想要飞到太阳上去，并且要住在太阳上，这样，世间最明亮的宝物就属于他了。

几天后，工匠们造出了一对用蜡做的翅膀，国王穿在身上后觉得非常满意。轻轻挥动翅膀，国王就飞了起来。大臣们觉得国王这样做太冒险了，蜡做的翅膀会受不了太阳的热度，不久就会熔化掉。但是国王心意已决，他一定要得到太阳。

国王飞得越来越高，离太阳越来越近，看着太阳发出夺目的光辉，国王太喜欢了。

温度渐渐升高，国王感到非常热，他擦了擦汗还是继续往上飞。炙热的光芒照在蜡做的翅膀上，翅膀开始熔化了，国王感觉越来越力不从心，终于他飞不动了，停在半空摇摇欲坠，不一会儿就从万丈高空摔了下来。

# 出口成章

## 成语小词典

**琳琅满目** lín láng mǎn mù
【解释】琳琅：美玉，代指珍贵美好的东西。比喻珍贵美好的东西非常多。
【示例】博物馆里的文物琳琅满目，每一件都珍贵无比。

**不胜枚举** bú shèng méi jǔ
【解释】不胜：表示做不完。形容同一类的人或者事物很多，不能一个一个列举出来。
【示例】这个国家的名胜古迹太多了，不胜枚举。

**郁郁寡欢** yù yù guǎ huān
【解释】郁郁：忧愁苦闷的样子。形容人忧愁苦闷，很少快乐。
【示例】他失恋后，很长一段时间都郁郁寡欢。

**出谋划策** chū móu huà cè
【解释】谋：计谋。划：筹划。制订计谋策略。指为人出主意。
【示例】这件事需要大家一起出谋划策，只靠一个人想办法是不行的。

**摩肩接踵** mó jiān jiē zhǒng
【解释】肩碰着肩，脚碰着脚。形容来往的人很多，很拥挤。
【示例】庙会上的人摩肩接踵，到处都被挤得水泄不通。

**眉飞色舞** méi fēi sè wǔ
【解释】色：神色。形容人喜悦或者得意的神态。
【示例】说起那次得奖的经历，他总是眉飞色舞，非常自豪。

**尽人皆知** jìn rén jiē zhī
【解释】尽：所有的。所有的人都知道。
【示例】这件事已经尽人皆知，你不用再隐瞒了。

**无与伦比** wú yǔ lún bǐ
【解释】与：跟。伦比：等同，相符。形容人或事物十分完美，没有什么能比得上。
【示例】他的演技无与伦比，演什么像什么。

**恍然大悟** huǎng rán dà wù
【解释】恍然：忽然醒悟的样子。悟：心里明白。形容一下子就明白过来。
【示例】这个电影很深奥，看到结局观众们才恍然大悟。

**摇摇欲坠** yáo yáo yù zhuì
【解释】摇摇晃晃，就要坠落了。形容极不稳固，就要落下来。也比喻即将要垮台。
【示例】为了安全起见，这座摇摇欲坠的吊桥已经禁止通行。

## 成语大练兵

下面给出了五个成语,请你用这些成语把句子补充完整吧!

> 眉飞色舞　　不胜枚举　　出谋划策
>
> 琳琅满目　　恍然大悟

1. 他和同学们一起参观了故宫博物院,里面的文物展品（　　）,（　　）,看得人眼花缭乱。
2. 这道数学题目困扰了他一个晚上,经过哥哥的指导,他（　　）,终于把这道题弄明白了。
3. 他说话时总是（　　）,面部表情非常丰富,和他聊天会让人心情开朗。
4. 他有很强的组织策划能力,在学校的时候经常为班级活动（　　）,提出了很多有用的建议。

## 成语小故事

## 摩肩接踵

晏子是齐国能言善辩的人。有一次,他奉命出使楚国,楚国人知道晏子身材矮小,为了羞辱他,就在大门的旁边开了一个小洞请晏子进去。晏子不进去,站在洞门口说:"出使到狗国的人才从狗洞进去,今天我出使楚国,不应该从这个洞进去。"迎接宾客的人只好带晏子从大门进入。

晏子拜见楚王。楚王问:"齐国没有人可派了吗,竟派你这样的人做使臣?"晏子严肃地回答说:"齐国的都城临淄有七千五百户人家。人们一起张开袖子,天就阴暗下来;一起挥洒汗水,就会汇成大雨;街上的行人多到拥挤,他们肩膀靠着肩膀,脚尖碰脚后跟,怎么能说齐国没有人呢?"楚王说:"既然这样,那么为什么会打发你来呢?"晏子回答说:"齐国派遣的使臣,各有各的出使对象。贤明的使者被派遣出使到贤明的君主那儿,不肖的使者被派遣出使到不肖的君主那儿。我晏婴是最不肖的人,所以只好出使到楚国来了。"

# 恍然大悟

唐朝的时候，有个进士叫薛伟，是青城县的主簿。有一次，薛伟与妻子饮酒后受了风寒发高烧，昏迷中的薛伟做了个奇怪的梦，梦中他变成一条金鲤鱼去跳龙门，可惜没有成功。后来他被渔翁钓走，薛伟的同僚为了给他补身体，建议将这条鱼做成鱼鲊吃。薛伟焦灼万分，说他是青城主簿，但是没人能听到他说话。厨子一刀将鱼头剁下，睡在病床上的薛伟猛然跳起，他的病竟然全好了。

醒来后，薛伟感到非常奇怪，就请教了道士李八百，道士说："你前世是神仙，因为犯了错，被贬到凡间修炼。但是你迷恋红尘，所以把你变成了鱼去受苦，如今你该回到天上去了。"

薛伟听后恍然大悟，梦中的经历也令他大彻大悟，决心不再贪恋功名利禄。他拜谢了道士，很快辞去了官职，不久便得道飞升了。

## 出口成章

### 成语游乐园

 **选词填空**

请从上面的方框里选择合适的词填到下面的空格里组成成语。

步步　　绰绰　　心心　　亭亭
　　面面　　代代　　落落
格格　　高高　　夸夸　　津津
　　炯炯　　孜孜　　嗷嗷
比比

| ___不入 | ___有神 | ___玉立 |
| ___在上 | ___大方 |
| ___皆是 | ___待哺 | ___俱到 |
| ___为营 | ___有余 |
| ___有味 | ___不倦 | ___相印 |
| ___其谈 | ___相传 |

## 认识时间

把形容各个时间段的成语填到下面对应的方框里吧!

| 东方欲晓 | 日薄西山 | 烈日当空 |
| --- | --- | --- |
| 夕阳西下 | 残阳如血 | 艳阳高照 |
| 百鸟归林 | 雄鸡报晓 | 月明星稀 |
| 旭日东升 | 华灯初上 | 三更半夜 |
| 晨光熹微 | 骄阳似火 | 夜深人静 |
| 朝霞满天 | | |

**早晨**

**中午**

**傍晚**

**夜晚**

# 第十六章

## 天书奇谭

袁公是看守天书阁的一位老神仙。一天，玉皇大帝和众仙去西王母那里赴宴，临走前太白金星千叮万嘱让袁公好好看管天书。袁公表面上答应了下来，心里却对天书十分好奇。等到所有的神仙都走后，袁公偷偷地来到天书阁打开了天书，原来这天书是一本包含了世间万物真理的宝书。袁公看了后觉得受益匪浅，同时他又觉得这本天书一直束之高阁，简直就是暴殄天物，如果把天书里面的知识传授到人间，那么将会有无数的百姓免受苦难折磨。

为了不让玉皇大帝发现，袁公悄悄地将天书带到凡间，他将书中的内容全部刻到了一个石壁上。在此期间，他无意间将一枚蛋变成了一个小孩，袁公给他取名叫蛋生。

蛋生敏而好学，袁公便将天书的内容传授给他，希望他可以勇挑重担，解救天下苍生于水

深火热之中。蛋生很快就学会了天书里面的内容，他在人间惩恶劝善，抓住了很多恶贯满盈的人，帮助穷人们改善生活，很快他就成了人们口中的大英雄。

但是好景不长，玉皇大帝发现袁公把自己的天书带到了人间，非常生气，于是他命令雷公把刻有天书内容的石壁摧毁，袁公也被玉皇大帝抓回了天上。玉皇大帝认为袁公犯下了滔天大罪，决定要狠狠地惩罚他。太白金星觉得袁公的行为并没有多大的错，于是他对玉帝说："陛下，袁公虽然欺骗了您，但是他不是利用天书去做坏事，而是把天书带到人间去做好事，希望您对他能够从轻发落。"

玉皇大帝觉得太白金星说得有道理，于是不再降罪于袁公。最后玉皇大帝命令袁公到他刻天书的地方去面壁思过，以保护凡间的天书不落到坏人的手中。从此袁公就来到了凡间，一直保护着天书，不再回到天上。

# 出口成章

成语小词典

**qiān dīng wàn zhǔ 千叮万嘱**
【解释】一遍又一遍，反复叮嘱。表示对嘱咐的事情极为重视。
【示例】出门前他的奶奶总是千叮万嘱，要他注意安全。

**shù zhī gāo gé 束之高阁**
【解释】高阁：储藏器物的高架。捆起来放在高高的架子上。比喻放着不用。
【示例】他花重金买来很多珍贵的书，却都束之高阁了。

**bào tiǎn tiān wù 暴殄天物**
【解释】暴：损害，糟蹋。殄：灭绝。天物：指自然生物。原指残害灭绝天生万物；后指任意糟蹋东西，不知爱惜。
【示例】你用这么漂亮的水杯装酒，真是暴殄天物。

**mǐn ér hào xué 敏而好学**
【解释】敏：聪明。好：喜好。形容天资聪明又好学。
【示例】敏而好学、不耻下问的精神是难能可贵的。

**shuǐ shēn huǒ rè 水深火热**
【解释】比喻生活处境异常困苦，日子很难熬。
【示例】战争年代，老百姓们处于水深火热之中，日子总是过得提心吊胆。

**chéng è quàn shàn 惩恶劝善**
【解释】惩办邪恶，劝勉向善。
【示例】这些年他惩恶劝善，做了不少好事。

**è guàn mǎn yíng 恶贯满盈**
【解释】贯：穿钱的绳子。盈：满。罪恶之多，犹如穿线般已穿满一根绳子。形容一个人做了太多的坏事，到受惩罚的时候了。
【示例】这个歹徒恶贯满盈，早就应该将其绳之以法。

**tāo tiān dà zuì 滔天大罪**
【解释】滔天：漫天。形容罪恶极大。
【示例】他犯下了滔天大罪，如今说什么都没有用了。

**cóng qīng fā luò 从轻发落**
【解释】指处罚从宽，轻予放过。
【示例】他主动自首，并且已经认识到了自己的错误，法官决定从轻发落。

**miàn bì sī guò 面壁思过**
【解释】指人对着墙来反省自己的错误和过失。
【示例】他把家里的花盆打碎了，妈妈罚他面壁思过。

126

 下面给出了五个成语，请你用这些成语把句子补充完整吧!

千叮万嘱　　束之高阁　　敏而好学

从轻发落　　恶贯满盈

1.他把妈妈心爱的花瓶打碎了，趁妈妈还没回来，他把家里打扫了一遍，希望妈妈看在他勤快的份上，对他（　　）。

2.出发前妈妈（　　）让他保管好自己的钱包，但他还是粗心大意，半路就把钱包弄丢了。

3.这么多好书你都（　　）了，真是浪费啊!

4.他是一个（　　）的人，所以他的成绩一直名列前茅。

5.这帮歹徒（　　），终于受到了法律制裁，人们不禁发出了胜利的欢呼声。

## 束之高阁

东晋时有个人叫庾翼,他从小就有过人的才智和远大的志向。长大后,他带兵出征,作战中屡立奇功,不久就被封为都亭侯,官至征西将军。

与他同时代的殷浩也很有才能,20岁的时候就出了名。殷浩喜欢和别人讨论事情,擅长高谈阔论,后来他做了扬州的刺史,不久又被封为建武将军,掌握了军事大权。殷浩虽然书读得多,但是没有真正打过仗,后来在讨伐许昌和洛阳敌人的战役中,他屡打败仗,最终被革了职。

后来有人向庾翼建议,让殷浩重新出来做官,但是庾翼对此不以为然。他认为殷浩是一个徒有虚名的清谈家,只会高谈阔论,而没有真才实学,于是庾翼带着鄙夷的神情说:"他像无用之物一样,只好把他捆起来放到高楼上去,等到天下太平后,再来考虑任用他。"

# 水深火热

齐国攻打燕国,大获全胜。齐宣王问孟子:"有人劝我不要占领燕国,有人劝我要占领它。拥有万辆兵车的齐国去攻打同样拥有万辆兵车的燕国,却只用了五十天就打下来了,这样的战果光凭人力是做不到的,这是上天的意思。如果我们不占领它,一定会遭到天谴吧?如果我们占领它,又会怎么样呢?"

孟子回答说:"如果占领它,燕国的老百姓高兴,那就占领。古代周武王就做过这样的事情。如果占领它,燕国的老百姓不高兴,那就不要占领。古代周文王就是这么做的。齐国去攻打实力同样强大的燕国,燕国的老百姓却用饭菜酒水来欢迎您的军队,难道还有别的什么原因吗?他们不过是想摆脱水深火热的日子罢了。可如果您让他们的水更深、火更热,那他们就会反抗您的统治,寻求其他出路了。"

出口成章

 十二生肖

十二生肖组成语。请把对应的小动物填到下面的成语里面吧!

天□行空　　闻□起舞　　三人成□

打草惊□　　亡□补牢　　对□弹琴

□尾续貂　　□狗不如　　狡□三窟

叶公好□　　尖嘴□腮　　□目寸光

 **补字组唐诗**　把下面的成语补充完整，用空格里的字组成一首诗，并把这首诗的名称写下来吧！

（　）经叛道
悲欢（　）合
物归（　）主
锦（　）添花
打（　）惊蛇

（　）马当先
长命百（　）
首屈（　）指
海（　）石烂
欣欣向（　）

（　）心勃勃
水深（　）热
火（　）眉毛
言（　）由衷
应有（　）有

（　）暖花开
呼（　）唤雨
（　）毛求疵
欲言（　）止
乐极（　）悲

# 第十七章

## 我的老师

莉莉今年上二年级了，但是她并不喜欢学校，因为她是个兔唇女孩，开裂的嘴唇、歪斜的嘴巴、畸形的鼻子总是让她感到自卑。学校里的孩子总是嘲笑她的外貌，别人盯着她看的时候她总是会感到心烦意乱。这一切都让莉莉的性格变得反复无常，所以她总是独来独往。

开学那天，莉莉来到了伦纳德夫人的班级。伦纳德夫人是一位和蔼可亲的老师，她身材微胖，脸上总是带着笑容。伦纳德夫人从来不责罚学生，和学生说话时也总是慢声细语，所以她很受学生欢迎。

学校每年都会让低年级的学生做耳语测试：学生们依次走进测试的教室，用自己的右手捂住右耳，然后测试的老师会在学生的左耳边说一句话，学生只要重复说出这句话就可以了。这对其他学生来说是一件轻而易举的事情，但对莉莉来说，却不是一件容易的事，因为她的左耳天生失聪。莉莉因此变得忧心忡忡，她不想让这件事被别人知道，要不然又会有人来嘲笑她是个聋子。

耳语测试的那天到了，莉莉最后一个进入教室。她仔细地观察了前面学生的测试过程，发现有的学生没有捂紧自己的耳朵，老师也没有发现。莉莉决定了，轮到自己的时候就悄悄地抬起右手，这样她就能听见伦纳德夫人对她说了什么。

终于轮到莉莉了，她胸有成竹地走到伦纳德夫人的面前，用手捂住了自己的耳朵。莉莉心想以前老师测试的时候最喜欢说什么呢？是"今天的天真蓝"，还是"你有没有一双美丽的新鞋子"？莉莉悄悄地抬起一点儿右手，她专心致志地去听老师说的话。这时伦纳德夫人把嘴巴靠近莉莉的左耳说了一句话，莉莉听到了，这使她非常惊讶。莉莉不敢相信地去看自己的老师，她潸然泪下，因为这是她的父母都不曾对她说过的话："我希望你是我的女儿。"

# 出口成章

成语小词典

**xīn fán yì luàn**
**心烦意乱**
【解释】意：心思。心情烦躁，思绪混乱。
【示例】他被楼上的噪声吵得心烦意乱，连觉都睡不好。

**fǎn fù wú cháng**
**反复无常**
【解释】无常：变化不定。形容常常变化，一会儿这样，一会儿那样。
【示例】他是个反复无常的人，没人猜得透他在想什么。

**dú lái dú wǎng**
**独来独往**
【解释】独自来往，不和其他人作伴。
【示例】他总是独来独往，身边连一个朋友也没有。

**hé ǎi kě qīn**
**和蔼可亲**
【解释】和蔼：和善。态度和善，容易接近。
【示例】这个老师和蔼可亲，大家有什么问题都愿意去问他。

**màn shēng xì yǔ**
**慢声细语**
【解释】形容说话缓慢，声音很低。
【示例】奶奶说话慢声细语，从来不会大声呵斥我们。

**qīng ér yì jǔ**
**轻而易举**
【解释】东西很轻，容易举起来。比喻事情容易做，不费力气。
【示例】对我来说，做这件事轻而易举，半个小时就可以解决。

**yōu xīn chōng chōng**
**忧心忡忡**
【解释】形容人心事重重，忧虑不安的样子。
【示例】听到这个消息后他一直忧心忡忡，寝食难安。

**xiōng yǒu chéng zhú**
**胸有成竹**
【解释】画竹子时心里有竹子的形象。比喻做事前已经有通盘的考虑。
【示例】这次考试他胸有成竹，一定会拿到一个好成绩。

**zhuān xīn zhì zhì**
**专心致志**
【解释】形容一心一意，聚精会神。
【示例】他专心致志地看书，别人喊他好几声他都没有听见。

**shān rán lèi xià**
**潸然泪下**
【解释】潸然：流泪的样子。指因感情有所触动，泪水止不住地流下来。
【示例】她听到了老师去世的消息，不禁潸然泪下。

 成语大练兵　　下面给出了五个成语，请你用这些成语把句子补充完整吧！

心烦意乱　　和蔼可亲　　胸有成竹

专心致志　　潸然泪下

1.张老师（　　），大家都爱接近他，有什么问题都去请教他。

2.他是一个很自信的人，无论做什么事，都（　　），从来不担心遇到困难。

3.他写作业的时候（　　），妈妈喊他吃饭他都没听见，直到把作业都写完了才想起来去吃饭。

4.哥哥喜欢跑步，每次感到（　　）时，他都会出去慢跑，这会使他的情绪平复下来，心情也会好起来。

5.这个电影非常感人，看到结局时，我不禁（　　），感慨万千。

## 出口成章

### 成语小故事

# 胸有成竹

北宋时期，有个著名的画家叫文与可。他非常擅长画竹，经常有人拿着绢布到他家请他画竹子。文与可为了画好竹子，在家里种了各式各样的竹子，无论春夏秋冬，无论天气如何变幻，一有时间，他就到竹林里散步，用手去量竹子的长短，用眼观察竹叶的颜色，一旦有了新的发现，就立刻回家把竹子画下来。

经过长年累月细微观察，竹子在不同季节、不同时辰、不同天气下的样子都深深地刻在了文与可的心里。当他要画竹子时，心中就有了竹子完整的样子，画起来就非常地从容自信，画出来的竹子，每一棵都逼真传神，好像活的一样。当时有个名叫晁补之的人，他对文与可很了解，称赞他说："与可画竹时，胸中有成竹。"

# 专心致志

从前有一个下棋能手名叫秋，他棋艺高超，因此很多人都称他为弈秋。弈秋有两个学生，一起跟他学习下棋。其中一个学生非常专心，集中精力跟老师学习。另一个学生表面上在认真听讲，但思绪早已经飞走了。他一会儿看看外面的田野和森林，一会儿又听听天上的雁鸣。当他看见大雁飞过时，便想："要是能有一张弓、几支箭，便能把大雁射下来。吃着美味的大雁下酒，该有多好啊！"

一段时间后，弈秋的课讲完了，他让两个学生对下一局，看看他们学得到底怎么样。起先，那个不用心学习的学生还能勉强应付，到了后来，他就开始节节败退，最后输给了那个用心学习的学生。

弈秋语重心长地对两个学生说："虽然下棋只是一门小小的技艺，但是不专心致志地学习，也是学不好的啊！"

出口成章

成语游乐园

 **身体大探索**　　下面的成语中都包含了人身体的某个部位，快把它们填出来吧！

- 白　偕老
- 蜜　剑
- 铁　无私

- 飞色舞
- 有成竹
- 另　相看

- 不出户
- 枪　剑
- 虎　拔

- 不足挂
- 寸断
- 震　欲聋

- 踏实地
- 袖　旁观
- 螳　当车

## 童话世界

下面的成语中藏着几个童话故事中的人物，请你把成语补充完整，猜猜他们都是谁吧!

黑　分明　　冰天　地　　大　无私　　六神无

名垂　史　　井底之　　　目无　法　　爱民如

　头土脸　　　息养奸　　半老徐

跳梁小　　　　心翼翼　　鸡同　讲

　不胜收　　出口伤　　　缘木求

不拘　节　　唇　齿白　　青衣乌

# 第十八章

## 乌龟和鸟

从前有一座小岛，岛上住着一群乌龟，它们走路非常缓慢，所以它们从没有出过远门，一辈子都只能待在小岛上。乌龟们每天无所事事，做什么都觉得索然无味，岛上除了石头就是树，一点儿好玩的东西都没有。乌龟们每天都觉得度日如年，希望生活能够有所改变。

一天，海上飞来了一只小鸟，它饥肠辘辘，决定在岛上休息一会儿。小鸟拥有色彩斑斓的羽毛，长长的尾巴如同美丽的绸带，阳光一照，就会变幻出不同的颜色。乌龟们发现了这只美丽的小鸟，它们从未见过如此美丽的生物，觉得这一定是世界上最美的鸟了，如果它能留在小岛上该有多好啊！乌龟们都这么想。

为了让小鸟留下，乌龟们给小鸟带来了大量的食物，小鸟很感激，决定先在这里住一段时间。每天早晨，小鸟都会飞出去寻找食物，

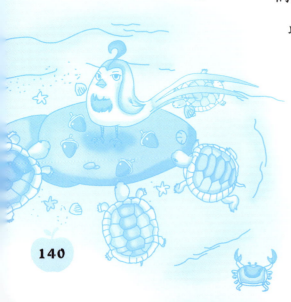

到了傍晚才会回到岛上。每当小鸟外出时，乌龟们都望眼欲穿，希望小鸟能早点回来。小鸟知道乌龟们的想法后就对它们说："我是一只鸟，身上长满了羽毛，出门觅食是我的天性。"乌龟们说："你是我们的好朋友，你每次出门我们都会惴惴不安，害怕你在外面受了伤，再也回不来了。不如你把翅膀上的羽毛都拔掉，这样你就不用出门了。"小鸟心想，自己出门觅食就是为了填饱肚子，如今乌龟们会给自己提供食物，出不出去都无所谓了，于是便把翅膀上的羽毛都拔光了。

小鸟每天吃着乌龟送来的食物，觉得这样的生活非常舒服。一天，小鸟正在和乌龟们聊天，一只狐狸突然从一块大石头后面跳了出来，它是来捕捉小鸟的。乌龟们非常害怕狐狸，它们都把头和四肢缩进了坚硬的龟壳里。小鸟的翅膀上没有了羽毛，飞不起来，只能向乌龟们求救："你们快来救救我啊！"乌龟们说："狐狸的爪子太锋利了，我们也无能为力，你还是自求多福吧。"小鸟后悔极了，它不该听信乌龟们的甜言蜜语，拔光翅膀上的羽毛，现在被狐狸抓住，也是自作自受，怪只怪以前的自己太愚蠢了。

## 出口成章

### 成语小词典

**wú suǒ shì shì**
**无所事事**

【解释】事事：做事情。指闲着什么事情也不做。

【示例】大学毕业后他没能找到工作，整天无所事事。

**suǒ rán wú wèi**
**索然无味**

【解释】索然：没有兴趣的样子。形容事物枯燥无味。

【示例】这个电视剧没有什么亮点，看起来索然无味。

**dù rì rú nián**
**度日如年**

【解释】过一天好像过一年似的。形容日子很不好过。

【示例】在这个大城市里，他每天都觉得度日如年，每分每秒都是折磨。

**jī cháng lù lù**
**饥肠辘辘**

【解释】辘辘：肚子饿得发出咕噜咕噜的声音。形容非常饥饿。

【示例】干了一天的活，到了晚上他感到饥肠辘辘。

**wàng yǎn yù chuān**
**望眼欲穿**

【解释】眼睛都要望穿了。形容盼望殷切。

【示例】听说孩子要回来了，她望眼欲穿，一直站在路口等待。

**zhuì zhuì bù ān**
**惴惴不安**

【解释】惴惴：担心害怕的样子。形容因为恐惧、担忧而害怕不安。

【示例】外面的雨很大，孩子还没有回来，母亲一直惴惴不安。

**wú néng wéi lì**
**无能为力**

【解释】不能施展力量。指没有力量完成某件事情。

【示例】他已经尽最大努力去帮助这一家人，剩下的事他也无能为力了。

**zì qiú duō fú**
**自求多福**

【解释】自己去追求更多的福祉。

【示例】战火纷飞的年代，老百姓指望不上国家，只能自求多福。

**tián yán mì yǔ**
**甜言蜜语**

【解释】指为了讨人喜欢或者哄骗别人而说的好听的话。

【示例】他甜言蜜语说多了，都不知道哪句话是真心的了。

**zì zuò zì shòu**
**自作自受**

【解释】自己做的错事，自己承担后果。

【示例】天这么冷还洗凉水澡，现在感冒了，真是自作自受。

 成语大练兵

下面给出了五个成语,请你用这些成语把句子补充完整吧!

无所事事　　自作自受　　惴惴不安

饥肠辘辘　　望眼欲穿

1. 干了一天的活,他感到(　　),回到家后,连着吃了两碗饭才吃饱。

2. 该学习的时候不努力学习,整天玩手机和电脑,现在考试不及格,这真是(　　)。

3. 马上就要公布考试成绩了,一想到这次考试前没有认真复习,他的心里(　　)。

4. 暑假期间,小明一直(　　),爸爸就给他报了游泳班,现在小明的游泳技术已经非常高超了。

5. 到了约定好的时间,他还是没有出现,害得大家(　　),都站在门口不停地张望。

# 出口成章

## 成语小故事

### 无能为力

一个品行恶劣的青年得了重病，昏迷中他的灵魂离开了肉体，不知不觉来到了阴曹地府。他在地府遇见一个熟人，这个人替他翻看生死簿，然后皱着眉头对他说："你不孝顺父母，应当受到下油锅的惩罚。现在你的寿命还没完，你先回去，等寿命完了再来受报应。"

青年一听吓坏了，连忙向熟人磕头请教解救的方法。熟人摇头说："这种罪过很重，不但我解救不了，就是如来佛祖也无能为力。我说个故事给你听吧。一个禅师问所有人，系在老虎脖子上的铃铛，谁能解下来。一个小和尚问：'为什么不叫系铃人去解呢？'你不孝顺你的父母，应当向父母悔过，请求原谅，或许还有希望免除你的罪行。"

青年回到阳间后，从此洗心革面，孝敬父母，因此得到了父母的怜爱，一直活到七十多岁才去世。青年虽然对于消除往日罪行无能为力，但他及时悔改，也算是弥补了一些过错。

# 自作自受

从前,在一个山谷里有一个美丽的小村庄,村子里住着几十户人家。村子后面山上的森林郁郁葱葱,村前的河水清澈见底,村民们的生活祥和而富足。然而,不知从什么时候起,家家有了一把锋利的斧头。谁家想盖房子,谁家想造犁,就拎起斧头到村后的山上,大肆砍伐树木。就这样,山坡上出现了裸露的土地。

一年又一年,一代又一代,山坡上的树不断地减少,裸露的土地面积不断地扩大……树木变成了一栋栋房子,变成了各式各样的工具,变成了烧饭用的柴火。不管怎样,家家户户靠着锋利的斧头,都过上了不错的生活。

就这样,不知过了多少年,在一个雨水奇多的八月,大雨一连下了五天五夜,到了第六天黎明,雨才停下来。可是,那个小村庄却被咆哮的泥石流给掩埋了。村民们自作自受,亲手毁掉了自己的家园。

出口成章

## 成语游乐园

看图补成语

下面的成语中都缺少一个字,请从给出的图案中找到对应的字,把成语补充完整吧!

揠助长

报平安

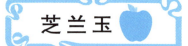
芝兰玉

面若花

步步生

缘木求

苍翠柏

风吹动

发童颜

 **八字成语**

下面都是八个字的成语,请把成语的后半部分填在方框内。

| 十年树木 | | 鞠躬尽瘁 | |
| 近朱者赤 | | 城门失火 | |
| 金玉其外 | | 落花有意 | |
| 前人栽树 | | 不入虎穴 | |
| 一叶障目 | | 成事不足 | |
| 千里之行 | | 人为刀俎 | |

# 第十九章

## 乌鸦和猫

乌鸦和猫是一对非常要好的朋友，它们每天形影不离，不论做什么事情都在一起。有一天，乌鸦和猫在河边玩耍，一阵阵的凉风吹得它们心旷神怡，渐渐地就放松了警惕。这时一只老虎悄悄地来到了它们的身后，幸亏乌鸦安不忘危，很快就发现了老虎的踪迹。

乌鸦和猫都大惊失色。乌鸦拍拍翅膀，立即飞到了天上，脱离了危险。而猫却因为害怕而惊慌失措，不知道该逃到哪里去，只能不断地在河边打转，躲避老虎。猫知道再这样下去自己一定会被老虎抓到，于是大声对乌鸦说："乌鸦，你是我的好朋友，我现在身处险境，但是我们之间的深情厚谊还在，你一定要救救我。"

乌鸦心中也很着急，它说："我一定会救你，我去找人来帮忙，你要坚持住。"说完，乌鸦就飞走了，消失得

**无影无踪**。

乌鸦飞到一处农场，看见牧羊人正在放羊，他的身边还跟着几只强壮的牧羊犬。乌鸦灵机一动，有了主意。它飞到牧羊人跟前，不断地用翅膀拍打他。牧羊人**勃然大怒**，也不去理解乌鸦是什么意思，就要赶它走。乌鸦没办法，只好飞到那几只牧羊犬的头顶上，故意去激怒它们。牧羊犬受到了挑衅，立刻去追乌鸦。于是乌鸦一边拍打翅膀激怒牧羊犬，一边把它们引到了老虎的那边。

那几只牧羊犬很快就来到了河边，此时猫还在躲避老虎的追赶，但是它已经**精疲力竭**，快要不行了。这时牧羊犬看到了老虎，它们不再理会乌鸦，立即掉头去攻击老虎。老虎看着包围自己的牧羊犬，觉得**寡不敌众**，于是转身逃走了。

牧羊犬们现在明白了，原来乌鸦是为了救自己的朋友才故意惹它们生气的，于是它们也不再计较，原谅了乌鸦。猫非常感激乌鸦，现在它们之间的友谊变得更深了。

## 出口成章

### 成语小词典

**xíng yǐng bù lí 形影不离**
【解释】像身体和影子一样不分开。形容彼此之间关系密切，经常在一起。
【示例】他和哥哥关系非常好，从小到大都形影不离。

**xīn kuàng shén yí 心旷神怡**
【解释】旷：开阔，开朗。怡：快乐，愉悦。形容心境开阔、精神愉快，表示心情美好。
【示例】雨后的空气非常清新，让人心旷神怡。

**ān bú wàng wēi 安不忘危**
【解释】在安全的时候不忘记危难。指时刻谨慎小心，提高警惕。
【示例】安不忘危，和平年代也要加强国防教育。

**dà jīng shī sè 大惊失色**
【解释】形容人十分惊恐，连脸上的神色都变了。
【示例】当得知自己的家乡地震时，他大惊失色，第一时间去联系家人。

**jīng huāng shī cuò 惊慌失措**
【解释】失措：失去常态。指因害怕慌张而举止失常，不知所措。
【示例】当火情发生时，人们惊慌失措，四处奔逃。

**shēn qíng hòu yì 深情厚谊**
【解释】指深厚的感情和友谊。
【示例】他们曾经同生共死，这样的深情厚谊是什么都破坏不了的。

**wú yǐng wú zōng 无影无踪**
【解释】没有一点儿影子和踪迹。形容消失得彻底。
【示例】一场大雨过后，闷热的感觉消失得无影无踪。

**bó rán dà nù 勃然大怒**
【解释】勃然：突然。指突然变脸，大发脾气。
【示例】他在课堂上言语刻薄，举止粗鲁，惹得老师勃然大怒。

**jīng pí lì jié 精疲力竭**
【解释】形容特别疲惫，一点儿力气都没有了。
【示例】干了一天的体力活，他精疲力竭，连路都走不动了。

**guǎ bù dí zhòng 寡不敌众**
【解释】寡：少。敌：抵挡。众：多。表示人少的抵挡不住人多的。
【示例】敌军寡不敌众，被我军打得节节败退。

 在下面的几个情境中，可以用什么成语匹配呢？

形影不离　　心旷神怡　　惊慌失措

深情厚谊　　精疲力竭

1. 他打了一下午的篮球，累坏了，此时坐在椅子上一动都不想动。用什么成语可以形容他现在的状态？

2. 小明和同学们来到野外踏青，一阵风吹来，可以闻到香甜的花香，让人心情舒畅。用什么成语可以形容小明的感受？

3. 他俩的关系非常好，不论做什么事情都要一起。用哪两个成语可以形容他们两个的关系？

4. 我和妈妈走散了，我到处都找不到妈妈。用什么成语可以形容我现在的心情？

## 安不忘危

春秋时期，晋国征服了郑国。郑国为了讨好晋国，不仅献上了兵车、武器，还进献了乐师、舞女以及大量的乐器。魏绛是晋国的大夫，在征服郑国的战争中立了大功，因此晋悼公把一半的乐队和乐器都赐给了他。魏绛却拒绝了，他说："这场战争的胜利是大王的功劳，晋国强大也是因为有您的治理，我没出什么力，所以不能接受您的赏赐。不过，我希望您在享受的时候，也想想接下来该怎么做。《书》中说：'居安思危，思则有备，有备无患。'我希望能以此规谏您。"

晋悼公知道魏绛是在劝他要预判将会发生的危机，提前做好预防，他很高兴地接受了魏绛的规劝，并坚持将乐队和乐器赐给了魏绛。因为懂得了安不忘危、有备无患的道理，在此之后，晋国越来越强大了。

# 寡不敌众

孟子和齐宣王讨论政事,齐宣王说他想要一统天下,孟子却不赞同,齐宣王问孟子为何不行。

孟子说:"邹国和楚国打仗,大王认为哪国会胜呢?"宣王说:"当然是楚国胜。"

孟子说:"显然,小国不可以与大国为敌,人口很少的国家不可以与人口多的国家为敌,弱国不可以与强国为敌。天下的土地,方圆千里的共有九块,齐国只占其中一块罢了。想用这一块去征服其他八块,这跟邹国和楚国打仗有什么区别呢?寡不敌众,大王要懂得这个道理。"

齐宣王问孟子如何做才能实现一统天下的愿望,

孟子说:"大王如果现在施行仁政,使做官的人都想到齐国来做官,使农民都想到齐国来种地,使做生意的人都想到齐国来做生意,使旅行的人都想到齐国来旅行。若真做到了这些,还有谁能够与您为敌呢?"

出口成章

 **看图猜成语**

下面的图片中都包含了一个成语，理解图片的含义猜出成语，并填到方框中吧！

  ☐☐☐☐

☐☐☐☐

  ☐☐☐☐

☐☐☐☐

  ☐☐☐☐

154

## 近义词、反义词

左边的成语是中间成语的反义词，右边的成语是中间成语的近义词，请把左右两边的成语补充完整吧！

碌碌○为 ←反— 出类拔萃 —近→ 超群○伦

目○斜视 ←反— 左顾右盼 —近→ 东张○望

阴险○诈 ←反— 光明磊落 —近→ 光明○大

犹豫不○ ←反— 斩钉截铁 —近→ 当机立○

寄○篱下 ←反— 白手起家 —近→ 自○更生

执○不悟 ←反— 发人深省 —近→ 醍醐灌○

# 第二十章

## 蟋蟀的故事

从前有一片茂密的丛林，里面住着许多小动物，它们每天早晨出去觅食，晚上回到自己的家中睡觉，生活悠然自得，十分和谐。在这么多的小动物中，有许多才华横溢的艺术家，比如拥有美丽舞姿的孔雀、精通建筑的啄木鸟、会酿造香甜蜂蜜的蜜蜂，其中还包括唱歌非常好听的蟋蟀先生。

蟋蟀先生非常喜爱唱歌，它每天都要唱很长时间的歌曲，甚至到了废寝忘食的地步。森林中的小动物们都喜欢听蟋蟀先生唱歌，对它的歌声赞不绝口，蟋蟀先生也因此感到十分自豪。它从来不吝啬自己的歌喉，只要有谁想要听歌，蟋蟀先生都会立刻为它演唱。它觉得自己天生就是一个歌唱家，因为动听的歌声，它现在已经是森林里的大明星了。

渐渐地，天气变凉了。叶落知秋，小动物们纷纷开始准备过冬的食物，它们也不再去听蟋蟀先生唱歌了。但是蟋蟀先生依旧每天坚持唱歌，想用歌声再次证明自己的人气。

有一天蟋蟀先生正在唱歌，一只小松鼠路过说："蟋蟀先生，冬天马上就要到了，你不准备一些吃的东西来过冬吗？"蟋蟀漫不经心地说："准备那些是浪费时间，我现在只想唱歌。"小松鼠摇了摇头走了。一只蚂蚁路过，它问道："蟋蟀先生，你不准备一些粮食过冬吗？"蟋蟀夜郎自大地说："我是天底下最会唱歌的蟋蟀，我只要会唱歌就行了，别的我都不需要。"蚂蚁听了也摇了摇头离开了。

冬天很快就到了，鹅毛大雪纷纷落下，整个森林一夜间银装素裹。蟋蟀站在自己家门前开始担心起来。它已经两天没有找到食物了，现在，它的身体十分虚弱，就连平时最喜爱的歌也唱不动了，它的家里什么吃的东西都没有了。蟋蟀先生追悔莫及，它后悔没有听朋友们的建议，后悔没有在秋天的时候准备好过冬的食物，却只想着唱歌。现在冬天来了，它只能忍冻挨饿，这些都是它应受的惩罚。

# 出口成章

## 成语小词典

**yōu rán zì dé 悠然自得**
【解释】悠然：闲适的样子。自得：内心得意舒畅。形容神态从容，心情舒畅。
【示例】退休后，爷爷每天都出门下围棋，日子过得悠然自得。

**cái huá héng yì 才华横溢**
【解释】才华：表现于外的才能。形容人的才华充分显露。
【示例】他是个才华横溢的诗人，但是始终没有展示的机会。

**fèi qǐn wàng shí 废寝忘食**
【解释】忘记吃饭和睡觉。形容人做事非常认真专心。
【示例】为了完成任务，他废寝忘食，彻夜加班。

**zàn bù jué kǒu 赞不绝口**
【解释】不住口地称赞。
【示例】他做了很多年的慈善，提起他大家都赞不绝口。

**yè luò zhī qiū 叶落知秋**
【解释】看见树叶凋落，便知秋天要来临。比喻从事物的细微变化中可预知其发展。
【示例】叶落知秋，水暖鸭知，四季的变化总是有迹可循的。

**màn bù jīng xīn 漫不经心**
【解释】随随便便，没有放在心上。
【示例】他上课的时候总是漫不经心，老师已经批评他好几次了。

**yè láng zì dà 夜郎自大**
【解释】夜郎：汉代西南方向的一个小国。比喻人无知，妄自尊大。
【示例】他夜郎自大，不听劝告，最终害了自己。

**é máo dà xuě 鹅毛大雪**
【解释】像鹅毛一样的雪花。形容雪下得大而猛。
【示例】天上下起了鹅毛大雪，到处都是一片白色。

**yín zhuāng sù guǒ 银装素裹**
【解释】形容大地被冰雪所覆盖，白茫茫一片。
【示例】大雪过后，整个村子银装素裹，孩子们打起雪仗，开心极了。

**zhuī huǐ mò jí 追悔莫及**
【解释】追溯往事，感到悔恨，却无法挽回。
【示例】年轻时要好好努力，免得到老时一事无成，追悔莫及。

**成语大练兵** 　　下面给出了五个成语，请你用这些成语把句子补充完整吧！

悠然自得　　才华横溢　　赞不绝口

银装素裹　　追悔莫及

1.一场大雪过后，大地（　　），所有树木好像披上了白色的大衣，显得更加婀娜多姿。

2.她是一个（　　）的小姑娘，元旦晚会上，她不但表演了一段舞蹈，还参加了大合唱。

3.爷爷喜欢钓鱼，他经常坐在岸边，一边晒太阳，一边等鱼儿上钩，不急不躁，（　　）。

4.妈妈做的菜非常好吃，今天她做了一桌美味可口的饭菜，客人们都（　　）。

5.他年轻的时候不好好学习，现在什么都不会，连工作也找不到，他时常感到（　　）。

# 出口成章

## 成语小故事

### 废寝忘食

孔子是春秋末期的思想家、政治家和教育家，是儒家学派的创始人。孔子年老时周游列国，在他六十四岁那年，来到了楚国的叶邑。叶邑大夫叫沈诸梁，他热情地接待了孔子。沈诸梁人称叶公，他只听说过孔子是个有名的思想家、政治家，并且教出了许多优秀的学生，但他对孔子本人并不十分了解，于是向孔子的学生子路打听孔子的为人。

子路虽然跟随孔子多年，但一时却不知怎么回答，就没有作声。

后来孔子知道了此事，就对子路说："你为什么不回答他：'孔子是一个努力学习，从不感到厌倦的人，他甚至忘记了吃饭睡觉，整天忙着授业传道，所以他从不担忧受贫受苦。孔子自强不息，甚至忘记了自己的年纪。'"

孔子的话，显示出他由于有远大的理想，所以生活得非常充实。

# 夜郎自大

汉朝的时候，在西南边区有个小国家叫夜郎国。这个国家地处偏远，消息闭塞，连国王都从来没有出过国门。与邻近的国家相比，夜郎国的国土面积最大，因此夜郎国的国王就理所当然地以为自己的国家是世界上最大的国家。

夜郎国的国王经常带着大臣去野外观赏风景。一行人走到一座山前，国王问："这是世界上最高的山吗？"大臣为了讨好国王，便说："是的，世上没有哪座山比这座山更高了。"他们走到河边，国王问："这是世界上最长的河流吗？"大臣马上回答："是的，这是世上最长的河流。"国王听了之后非常高兴，更加坚信夜郎国是世界上最大的国家。

一次，汉朝使臣来到夜郎国，国王问他："你们汉朝有我们夜郎国大吗？"汉朝使臣对国王的无知感到很惊讶，他说："你们夜郎国还没有我们汉朝的一个县大，所以汉朝自然是比您的国家大了。"

# 出口成章

 **成语小课堂**

上课时间到了，看看今天上哪些课吧！

- 重心长
- 身无分
- 归原主
- 通情达
- 久天长
- 伤天害
- 不胜收
- 回天乏
- 以为是
- 春意盎
- 民伤财
- 纹丝不
- 通人和
- 励精图
- 尽沧桑
- 名垂青
- 为乌有
- 敏而好

 **数学小天地**　　数学课到了，运用加减乘除运算法则，把下面的成语补充完整吧！

（　）窍生烟－（　）神无主＝（　）潭死水

（　）缄其口×（　）足鼎立＝（　）死一生

（　）体投地＋（　）叶知秋＝（　）根清净

（　）针见血＋（　）顾茅庐＝（　）面楚歌

（　）生有幸＋（　）月飞雪＝（　）牛一毛

日上（　）竿÷付之（　）炬＝退避（　）舍

孟母（　）迁＋多此（　）举＝狼烟（　）起

合（　）为一×（　）海升平＝（　）面玲珑

# 第二十一章

## 大书法家王献之

　　王献之是"书圣"王羲之的第七个儿子,他从小就酷爱书法,并且非常佩服自己的父亲,希望有一天能和父亲一样,成为一个受人尊敬的书法家。有一天,王献之正在聚精会神地练习书法,他的父亲悄悄地过来,突然去拽他手中的笔,但是王献之抓笔很牢,笔没有被抽掉,父亲便夸他将来必定会在书法上崭露头角。王献之听了后便开始沾沾自喜,有些骄傲自满了。

　　一天,王献之和母亲聊天,他问:"我写的字什么时候才能和父亲一样?三年还是五年?"母亲摇摇头,王献之急了,说道:"那要到什么时候?"王羲之正好听到了他们的对话,他指了指院子里的水缸说:"你要把这十八缸的水都写完,你的字才会有血有筋骨。"王献之心里不服气,觉得父亲夸大其词,他暗下决心,总有一天会让父亲刮目相看。

　　五年后,王献之拿着一沓自己

写的书法字帖交给了父亲，希望他能夸奖自己一番。但是王羲之一张张看了之后，不住地摇头，直到看见一个"大"字，才觉得还不错，于是提笔在"大"字下面添加了一个点，这样，这个字就更加完美了。

王献之又把这一沓字帖交给了母亲。母亲从头到尾翻看了一遍，王献之得意地问："母亲，您觉得我写的字好不好？我都是照着父亲的字去练习的。"母亲说："你写的这么多字，只有这'大'字下面的一点有你父亲的神韵，别的都不像。"王献之心里很难过，他有些灰心丧气了："书法真的好难，我到底该怎么做呢？"母亲看他已经不再自鸣得意，便对他说："你不要放弃，只要你一直努力练习，好好地向你父亲讨教学习，总有一天你会成功的。"

王献之看了看院子里的水缸，决定像父亲说的那样，去把那十八缸的水写完。寒来暑往，王献之锲而不舍地练习书法，终于把十八缸的水都写完了。他的书法造诣也突飞猛进，终于成为和父亲一样有名的大书法家。

# 出口成章

## 成语小词典

**zhǎn lù tóu jiǎo 崭露头角**
【解释】头上的角已明显地突出来了。指初步显露优异的才能。
【示例】经过几年的努力，他已经在娱乐圈里崭露头角了。

**zhān zhān zì xǐ 沾沾自喜**
【解释】沾沾：得意的样子。形容自以为很好而得意骄傲。
【示例】刚有点进步就沾沾自喜，结果这次考试他又回到了原来的名次。

**jiāo ào zì mǎn 骄傲自满**
【解释】骄纵傲慢，自我满足。
【示例】做人要学会谦虚，不能取得一点儿小成绩就骄傲自满。

**kuā dà qí cí 夸大其词**
【解释】指说话或者写文章措辞夸张，与实际不相符。
【示例】这个广告夸大其词，明显是在欺骗消费者。

**guā mù xiāng kàn 刮目相看**
【解释】用新的眼光来看待。
【示例】小明经过努力终于考上了名牌大学，大家都对他刮目相看。

**huī xīn sàng qì 灰心丧气**
【解释】丧失信心，情绪低落。
【示例】面对一次又一次失败，他有些灰心丧气了。

**zì míng dé yì 自鸣得意**
【解释】自己表示很得意。
【示例】提到自己的作品时，他颇有点自鸣得意。

**hán lái shǔ wǎng 寒来暑往**
【解释】指四季更替。泛指时光流逝。
【示例】寒来暑往，光阴似箭，转眼间他已经白发苍苍了。

**qiè ér bù shě 锲而不舍**
【解释】锲：镂刻。舍：停止。不断地镂刻。比喻有恒心，有毅力。
【示例】经过多年锲而不舍地努力，他终于成了这个领域的权威专家。

**tū fēi měng jìn 突飞猛进**
【解释】指学问、能力等发展进步非常大。
【示例】他调整了学习方法，一段时间后，学习成绩果然突飞猛进。

**成语大练兵**　　下面给出了五个成语,请你用这些成语把句子补充完整吧!

沾沾自喜　　夸大其词　　刮目相看

寒来暑往　　突飞猛进

1. 考试名次前进了一名,他便有些(　　),可他的爸妈并不满意,他们希望他更加努力。

2. 经过几个月的高强度练习,小明的成绩(　　),一举进入了班级前几名。

3. (　　),他从一个不懂事的少年成长为一个有担当的人,时间让他变得更加成熟了。

4. 他说话总喜欢(　　),你只能相信一部分。

5. 通过长期努力,小明的学习取得了很大的进步,老师和同学都对他(　　)。

# 出口成章

## 成语小故事

### 刮目相看

吕蒙是吴国赫赫有名的大将，他骁勇善战，屡建奇功。吕蒙从小没有读过什么书，吴王孙权就经常劝他要多读书。吕蒙听从了孙权的建议，利用军中的空闲时间去读书，他越读越觉得有趣，不知不觉就读了大量的史书典籍，个人见解日益深刻。

有一次，吴国军师鲁肃经过吕蒙的驻地，吕蒙热情地招待了他。鲁肃认为吕蒙是个只会打仗的大老粗，心里有点瞧不起他。席上，吕蒙说："军师如今和蜀国大将关羽共事，你打算怎么办？"鲁肃说："见机行事。"吕蒙说："虽然现在吴国和蜀国交好，但是关羽是个有勇有谋的人，他有野心、有能力，你要提早想好策略来防备他。"说完，吕蒙说了五个策略给鲁肃听。

鲁肃听了，非常折服，拍着吕蒙的肩膀亲切地说："我总以为老弟只会打仗，没想到你的学识与谋略也日渐精进，真是士别三日，当'刮目相看'啊！"

# 沾沾自喜

窦婴是汉景帝的母亲窦太后的侄子。有一天，他陪着景帝和景帝的弟弟喝酒，景帝酒喝多了，糊里糊涂地说："如果我死了，就把皇位让给我弟弟继承。"窦婴认为汉朝的制度是传子不传弟，于是表示反对。窦太后听说后很生气，就把窦婴除籍，不准他朝见。

后来，吴王刘濞起兵造反，时局很危急，景帝手下没有可用之人，只好请窦婴当大将军。战乱平定后，窦婴受到重用，被封为魏其侯。几年后，丞相的职位空缺，窦太后想请窦婴担任丞相一职，但景帝不赞成，并且说："窦婴这个人总是沾沾自喜，行事轻率，不是能重用的人。"于是就没有起用他做丞相，而是改派卫绾为相。后来"沾沾自喜"演变为成语，用来形容人自得自满的样子。

# 出口成章

## 成语猜人名

下面的成语都包含了一个典故，快来理解成语的意思，找到成语故事中的主人翁吧！

- 凿壁偷光
- 望梅止渴
- 指鹿为马
- 四面楚歌
- 图穷匕见
- 完璧归赵
- 三顾茅庐
- 投笔从戎
- 精忠报国
- 纸上谈兵

候选人名：
- 岳飞
- 曹操　刘备
- 诸葛亮　项羽　赵括
- 荆轲　车胤　匡衡
- 赵高　班超　蔺相如

- 鞠躬尽瘁
- 囊萤映雪

 **喜怒哀乐** 把下面描写心情的成语归类吧！

表示喜悦的成语

表示悲伤的成语

表示愤怒的成语

表示惊慌的成语

手足无措

痛不欲生　　大发雷霆

欢天喜地

　眉飞色舞　欲哭无泪　　惊慌失措

怒发冲冠

　　六神无主　手舞足蹈　黯然神伤

　　　　　　　　　　　　喜出望外

　　　　　　　手忙脚乱　心如刀绞

怒气冲冲

　　　　　　　义愤填膺

# 第二十二章

## 小兔子搬家

早晨的空气沁人心脾，湛蓝的天空晴空万里，在这样一个美好的早晨，小兔子要出门去采蘑菇啦！

小兔子喜欢吃蘑菇，它蹦蹦跳跳地来到森林里到处寻找美味的蘑菇，可是找了好久都没有找到一朵。一直到了下午，小兔子还是一无所得，只好垂头丧气地回家了。

走到池塘边的时候，小兔子看见几条小鱼浮在水面上吐泡泡，于是它走上前问道："小鱼儿，你们为什么浮到水面上呢？"小鱼回答说："因为天要下雨了，水里氧气变少了，弄得我们头晕目眩，所以才到水面上来呼吸空气。"小兔子看了看晴朗的天空，没有任何下雨的迹象，不禁疑惑地摇了摇头。

小兔子告别了小鱼们继续往家走。

走到一片草地的时候，一只燕子从小兔子的头顶飞过，小兔子好奇地问："燕子姐姐，你今天怎么飞得这么低啊？"燕子回答说："因为要下雨了，空气中的水汽变多了，小虫子的翅膀上沾了水后就飞不高，所以我只能飞在低处找虫子吃。"小兔子虽然迷惑不解，但燕子已经飞走了，它只好继续往家走。

小兔子回到家后，发现邻居蚂蚁们正在争分夺秒地搬东西。小兔子拉住一只蚂蚁问道："你们这是在做什么呀？"蚂蚁回答道："快要下雨了，我们家的地势低，会被雨水淹到，所以我们得把家搬到高处去。"小兔子看了看天，疑惑地问："现在是晴天啊，一点儿云都没有，怎么会下雨呢？你从哪儿道听途说来的消息？"小蚂蚁解释说："我们蚂蚁可以通过空气中的水分高低来预测天气。现在空气中水分很高，我们的巢穴都湿了，所以一定是要下雨了。"小蚂蚁又说："你家的地势也低，你最好跟我们一样，把家搬到高处去。"

小兔子听了小蚂蚁的话，觉得有道理，因为小鱼和燕子也都说要下雨了。于是小兔子收拾好东西，跟在蚂蚁们的身后把家搬到了高地。

它们刚在新家落脚，大雨就下了起来。大雨下了一天一夜，洪水暴发了，把低矮处全都淹没了。小兔子想，幸亏自己搬家了，这才转危为安。

一天后，雨过天晴，空气变得格外清新。小兔子发现新家的周围长满了肥嘟嘟的蘑菇，看着这些蘑菇，小兔子对自己的新家满意极了。

## 出口成章

成语小词典

**qìn rén xīn pí**
**沁人心脾**
【解释】沁：渗入。脾：脾脏。清爽的感觉渗入人的内脏，使人舒适。
【示例】森林里的空气沁人心脾，景色美不胜收，真叫人流连忘返。

**qíng kōng wàn lǐ**
**晴空万里**
【解释】天气非常晴朗，万里无云。
【示例】海上的天气变幻莫测，一会儿晴空万里，一会儿大雨磅礴。

**yì wú suǒ dé**
**一无所得**
【解释】什么也没有得到。形容没有一点儿收获。
【示例】只要你用心学习，努力拼搏，就不可能一无所得。

**chuí tóu sàng qì**
**垂头丧气**
【解释】形容遭到失败挫折后，失望、萎靡、无精打采的神态。
【示例】这次考试没考好，他一整天都垂头丧气，也不和别人说话。

**tóu yūn mù xuàn**
**头晕目眩**
【解释】头脑发晕，眼睛发花。
【示例】天气太热了，他刚跑一段路就觉得头晕目眩、体力不支。

**mí huò bù jiě**
**迷惑不解**
【解释】糊涂，困惑，不理解。
【示例】他对这件事情一直感到迷惑不解，没有人告诉他到底发生了什么。

**zhēng fēn duó miǎo**
**争分夺秒**
【解释】一分一秒也不放过。形容充分利用时间。
【示例】为了能在期中考试中取得好成绩，同学们都在争分夺秒地复习。

**dào tīng tú shuō**
**道听途说**
【解释】在道路上听到，在道路上传说。泛指传闻、没有根据的话。
【示例】这些消息都是他道听途说来的，没有任何依据，不能轻信。

**zhuǎn wēi wéi ān**
**转危为安**
【解释】由危险转为平安（多指局势或病情）。
【示例】幸亏他及时将险情通报给大家，我们这才转危为安。

**yǔ guò tiān qíng**
**雨过天晴**
【解释】阵雨过后，天又放晴。也可比喻政治上由黑暗到光明。
【示例】雨过天晴，天上竟然出现了一道美丽的彩虹。

 **成语大练兵**　　下面给出了五个成语，请你用这些成语把句子补充完整吧！

一无所得　　垂头丧气　　争分夺秒

头晕目眩　　雨过天晴

1.他为了这个项目跑前跑后，最后却（　　），他心里感到很不平衡。

2.考试没考好，他整日（　　）的，经过父母的鼓励后才重新振作起来。

3.(　　)，天边出现了一道美丽的彩虹，人们纷纷拿出手机，拍下这美丽的景色。

4.小明平时不努力学习，临近考试的时候，才（　　）地复习功课。

5.感冒使他（　　），干什么都没精神。

## 出口成章

### 成语小故事

# 转危为安

田文是齐国大臣田婴的小儿子，长大后继承了他父亲在薛地的封地，被人们称为孟尝君。一次，楚国要派兵攻打薛地，孟尝君得知消息后，立刻让人通知齐王，请他派兵前来救援。但是齐王一直想要削弱孟尝君的实力，因此迟迟不肯出兵。

淳于髡（kūn）是齐国的大夫，他路过薛地时，孟尝君接待了他，说："先生回去后一定要说服大王过来救我，不然的话，我以后就不会这样招待你了。"淳于髡回去后拜见了齐王，齐王问他："你从薛地回来，那里的情况怎么样了？"淳于髡回答说："孟尝君在薛地修建先王宗庙，但是现在又没有办法守护，一旦楚国攻打下薛地，那先王宗庙就会被毁掉。"

听说孟尝君在薛地建庙供奉先王，齐王当然不能坐视不管，他立即派兵到薛地增援。楚国军队很快撤离了，孟尝君转危为安，他十分感激淳于髡的帮助。

# 道听途说

春秋时期,齐国有个著名的学者叫艾子,他有个邻居叫毛空。有一次,毛空听到一个关于鸭子下蛋的故事,他觉得很有趣,就跑去告诉了艾子。

毛空对艾子说:"有一只鸭子一天能下两百个蛋,你知道这件事吗?"艾子笑着说:"那这只鸭子得多大啊!"毛空问:"鸭子下多少个蛋和它有多大有什么关系呢?"艾子说:"两百个鸭蛋加起来比一只鸭子大得多吧?这些鸭蛋生出来之前,一定是待在鸭子的身体里面,我问你,一只鸭子的肚子能装下两百个蛋吗?"

毛空一听觉得自己说错了,连忙改口说:"不是一只鸭子,是两只鸭子。"艾子说:"两只鸭子也装不下那么多蛋。这只鸭子是谁家养的?这个消息你又是怎么知道的?"毛空支支吾吾地说:"我是在路上听别人说的,好几个人都这么说。"艾子大笑道:"原来你只是道听途说啊!"

## 出口成章

## 成语游乐园

### 探秘宇宙

探秘小宇宙，请把与天文有关的词语补入成语中吧！

- 灿若★★
- 大步★★
- 转★移
- ★罗棋布
- ★朗风清
- 如★中天
- ★明★稀
- 众★拱★
- ★如梭
- 披★戴★
- ★新★异
- 吉★高照

**奇珍异宝**

国王的宝库里面堆满了奇珍异宝，真是让人大开眼界！请用代表奇珍异宝的词语将下面的成语补充完整。

沧海遗◯　　挥◯如土　　纸醉◯迷

◯科玉律　　冰清◯洁　　亭亭◯立

火树◯花　　◯装素裹　　◯口◯言

烈火真◯　　掌上明◯　　◯联璧合

# 第二十三章

## 雪孩子

小兔子和妈妈住在一个美丽的森林里,这里山明水秀,到处盛开着姹紫嫣红的野花。等到了冬天,森林里就会落下鹅毛大雪,小兔子最喜欢在雪地里打滚嬉戏了。

有一年冬天,森林里刚下过雪,兔妈妈要出门寻找食物,但是它担心小兔子一个人在家寂寞,就做了一个活灵活现的雪人,让它陪伴小兔子。小兔子开心得手舞足蹈,给雪人起名叫雪孩子。

雪孩子非常活泼,它带着小兔子在结了冰的湖面上滑冰,在空地上打雪仗,在雪堆里捉迷藏,小兔子玩得很开心,一直玩到天黑了才回家。兔妈妈见小兔子和雪孩子这么晚才回家,非常生气,它对雪孩子说:"雪孩子,你以后不可以再跟小兔子玩了,再这样下去小兔子会冻病的。"

雪孩子知道自己犯了错,它本想逗小兔子开心,却不想弄巧成拙,没有考虑到小兔子的身体。它羞愧地走进了森林里。几天后,兔妈妈又出门了,它怕

小兔子冷，就生起了火盆给小兔子取暖。小兔子在火盆边睡着了，身上的毯子不小心掉到了火盆里，等小兔子被火烤醒的时候，家里面已经着起了大火。

小兔子被困在了家中，它害怕极了。突然，小兔子听见有人在外面喊："小兔子，你在里面吗？"小兔子在火光中看见了雪孩子，于是大声喊道："快来救救我，我快被火烧死了！"雪孩子见小兔子还在房子里，就义无反顾地冲了进去，一把抱起小兔子，将它抱出了屋子。

兔妈妈在森林里看见自己家的方向火光冲天，急急忙忙跑了回来，一路上担惊受怕，直到看到小兔子平安无事后才放下心来。但是小兔子却泣不成声，因为雪孩子为了救它，已经变成水蒸气消失了。

兔妈妈把小兔子抱在怀里说："雪孩子舍己救人，拥有世界上最纯洁美丽的心灵。你不用难过，等到了明年冬天下雪的时候，雪孩子还会回来的，到时候你们会成为世上最好的朋友。"

# 出口成章

## 成语小词典

**shān míng shuǐ xiù**
**山明水秀**

【解释】山光明媚,水色秀丽。形容景色优美。

【示例】这个景区山明水秀,吸引了很多游客前来踏青。

**chà zǐ yān hóng**
**姹紫嫣红**

【解释】形容各种颜色的花美丽娇艳。

【示例】公园里的鲜花姹紫嫣红,每天都有人过来拍照留念。

**huó líng huó xiàn**
**活灵活现**

【解释】形容描述或者模仿的人或者事物生动逼真。

【示例】他画的小动物活灵活现,好像真的一样。

**shǒu wǔ zú dǎo**
**手舞足蹈**

【解释】蹈:顿足踏地。两手舞动,两只脚也跳了起来。形容人高兴到了极点的样子。

【示例】当知道儿子夺冠时,平时一贯严肃的父亲也开心得手舞足蹈。

**nòng qiǎo chéng zhuō**
**弄巧成拙**

【解释】想耍巧妙的手段,结果反而坏了事。

【示例】做任何事情都不能只想着投机取巧,否则只会弄巧成拙。

**yì wú fǎn gù**
**义无反顾**

【解释】义:道义。反顾:向后看。从道义上只有勇往直前,不能犹豫回顾。

【示例】他放弃了稳定的工作,义无反顾地投入到改革开放的大潮中。

**dān jīng shòu pà**
**担惊受怕**

【解释】形容十分担心或害怕。

【示例】他做了亏心事后,每天都担惊受怕。

**píng ān wú shì**
**平安无事**

【解释】平平安安,没出什么事故。

【示例】化工厂发生了爆炸,幸好工人们都平安无事。

**qì bù chéng shēng**
**泣不成声**

【解释】哭得发不出声音。形容悲伤至极。

【示例】面对牺牲的战友,这几个顶天立地的男子汉哭得泣不成声。

**shě jǐ jiù rén**
**舍己救人**

【解释】舍己:牺牲自己。指不惜牺牲自己去救他人。

【示例】这篇文章颂扬了主人公舍己救人的崇高品质。

**成语大练兵** 下面给出了五个成语，请你用这些成语把句子补充完整吧！

山明水秀　　姹紫嫣红　　活灵活现

手舞足蹈　　平安无事

1. 爸爸今天宣布下周带我和弟弟去游乐场，我高兴得（　　）起来。
2. 春天来了，公园里（　　），绿草如茵。
3. 听说老家地震了，他连忙打电话回家，得知父母都（　　），这才放下心来。
4. 小明的奶奶家在一个（　　）的地方，那里风景优美，小明每年暑假都要去那里住上很多天。
5. 他的爷爷是著名的画家，他画的马（　　），栩栩如生。

## 义无反顾

汉朝时，汉武帝派使臣唐蒙出使西南夜郎、僰中。为了修建通往夜郎、僰中的道路，唐蒙在巴蜀大量征用民工，这不仅扰乱了当地百姓的生活，还让百姓们心生恐惧。汉武帝听说后，就派司马相如去责备唐蒙，并发布一份檄文，告诉巴蜀人民唐蒙的举动皆非皇上本意，并且恳切要求巴蜀官民了解和支持皇上开发西南夷的行动。

檄文中说：保卫边疆的士兵，在看到烽火点燃时，都会张弓待射，驰马进击。他们扛着兵器，奔向战场，汗流浃背，唯恐落后，即使身触利刃，冒着被流箭射中的危险，也会义无反顾，从没想要回头。这是因为他们一心只想着国家的危难，竭尽全力去履行臣民的义务。希望巴蜀百姓也能忠于朝廷，将国家的事视为自己的事。

# 弄巧成拙

北宋时期有个著名画家叫孙知微,他很擅长画人物。有一次,他画了一幅九曜星君图,他画得很仔细,最后只剩下一道上色的工序还没完成。这时孙知微有事要出门一趟,他对弟子们说:"我这幅画的线条已经勾勒好了,只剩下上色了,你们要小心点,不要上错了颜色。"

孙知微走后,弟子们围着画讨论,全都不住地夸赞。有个弟子喜欢卖弄小聪明,他故作高深地说:"老师这幅画里少画了一样东西,你们看出来了吗?"其他弟子都摇头。这个弟子见状,得意地说:"老师每次画瓶子,都会在瓶子里画一朵花,可这幅画却没有。他一定是急着出去,忘记画了。"说完,他就在瓶子里画了一朵鲜艳的红莲花。

孙知微回来后,发现画中瓶子里竟然多了一朵花。他生气地说:"这个瓶子是九曜星君用来降妖除魔的镇妖瓶,你们添上莲花,把宝瓶变成了无用的花瓶,这不是弄巧成拙吗?"说完,他就把画撕了个粉碎。

## 出口成章

成语游乐园

 **多音字**　请为下面的多音字标上声调吧！

| 车载斗量 liang | 百发百中 zhong |
| 自不量力 liang | 中饱私囊 zhong |

| 多灾多难 nan | 调兵遣将 jiang |
| 难舍难分 nan | 将计就计 jiang |

| 长歌当哭 dang | 寡廉鲜耻 xian |
| 当机立断 dang | 鲜艳夺目 xian |

| 强词夺理 qiang | 相安无事 xiang |
| 发愤图强 qiang | 相机而动 xiang |

| 无济于事 ji | 怒发冲冠 fa |
| 人才济济 ji | 发扬光大 fa |

 看数字猜成语    根据左边数字的意思，把右边的成语补充完整吧！

| 333  555 | ◯◯ 成 群 |
|---|---|
| 5    10 | 一 ◯◯ 一 |
| 7/8 | ◯ 上 ◯ 下 |
| 0+0=1 | ◯ 中 生 ◯ |
| 3 ߈ | ◯ 颠 ◯ 倒 |
| 12345 | 屈 ◯ 可 ◯ |
| 3.5 | 不 ◯ 不 ◯ |
| 1×1=1 | ◯ 成 ◯ 变 |

# 第二十四章

## 祖逖的故事

东晋的时候有一个叫祖逖(tì)的人,他十四五岁的时候,性格顽劣,不爱读书,但是他十分爱好打抱不平,是个讲义气的人,所以邻居们都很喜欢他,觉得他是个心地善良的好孩子。随着年岁的增长,祖逖想要出人头地,想要报效国家,希望有朝一日能够成为国家的栋梁之才,但是很快他就发现自己才疏学浅,什么事也做不了。祖逖这才意识到自己书读得太少,将来肯定不会有大作为,于是他发愤图强,广翻典籍,努力学习知识,期望自己成为一个文武双全的人,好实现自己的理想抱负。

祖逖有个好朋友叫刘琨,他们两人是莫逆之交,并且都是胸怀大志之人。有一段时间,他们共同担任司州主簿,经常白天一起做事,晚上同榻而眠。

一天晚上,祖逖被鸡叫声

惊醒，他坐起来向窗外看去，发现外面一片漆黑，天还没亮。他很好奇为什么半夜的时候公鸡会打鸣。祖逖推醒了身边的刘琨，问："你刚才听见鸡叫了吗？公鸡为什么半夜打鸣？"刘琨说："听说半夜鸡叫不吉利，可能会有不好的事发生，这天下怕是要大乱了。"祖逖却并不这样想，他觉得这是催他起床练剑的鸡叫声，于是祖逖说："既然鸡叫了，咱们就起床练剑吧！"刘琨觉得这主意很好，于是他们二人穿好衣服后就来到院子里开始练习剑法。

时光荏苒，经过勤奋练习的二人终于成为能文能武的全才，他们不仅文章写得好，而且还能带兵打仗。

最后祖逖当上了举世闻名的大将军，刘琨也成为都督，手上掌握军事大权。他们两个人通过自己的勤奋努力终于实现了自己的梦想。

这个故事告诉我们，只有不断地努力，才能实现自己的理想抱负；不努力就什么也实现不了，一辈子注定碌碌无为。

出口成章

成语小词典

**dǎ bào bù píng**
**打抱不平**
【解释】遇见不公平的事时挺身而出，帮助受欺负的一方。
【示例】李警官为人公道，能仗义执言，敢打抱不平。

**chū rén tóu dì**
**出人头地**
【解释】指比一般人高出一截。形容德才超众或成就突出。
【示例】他努力学习，为的就是将来能出人头地。

**dòng liáng zhī cái**
**栋梁之才**
【解释】比喻能担当大任的人才。
【示例】他的梦想是考上一所好大学，毕业后成为国家的栋梁之才。

**cái shū xué qiǎn**
**才疏学浅**
【解释】疏：浅薄。指才识不广，学识不深。
【示例】他知道自己才疏学浅，所以一直努力学习，积累经验。

**fā fèn tú qiáng**
**发愤图强**
【解释】发愤：决心努力。图：谋求。下定决心，努力进取，谋求自强。
【示例】小明发愤图强，坚持不懈，终于成了年级第一名。

**wén wǔ shuāng quán**
**文武双全**
【解释】文：文采。武：武艺。指文采和武艺都很出众。
【示例】他当过兵，是个文武双全的人，转业后就进了公安系统。

**mò nì zhī jiāo**
**莫逆之交**
【解释】莫逆：没有抵触，感情融洽。交：交往，友谊。指非常要好的朋友。
【示例】因为长期在一起工作，他俩成了莫逆之交。

**néng wén néng wǔ**
**能文能武**
【解释】文的、武的都行。现常指既能动笔，也有实际工作能力。
【示例】他能文能武，德才兼备，老板很器重他。

**jǔ shì wén míng**
**举世闻名**
【解释】整个世界都能听到其名声。形容十分著名。
【示例】张家界国家森林公园举世闻名。

**lù lù wú wéi**
**碌碌无为**
【解释】形容人平庸，没有作为。
【示例】他这个人一直碌碌无为，很多人都瞧不起他。

190

## 成语大练兵

下面给出了五个成语，请你用这些成语把句子补充完整吧！

打抱不平　　出人头地　　发愤图强

举世闻名　　碌碌无为

1. 这次考试他的成绩后退了两名，他决定（　　），把成绩追回来。
2. 这个年轻人相当出色，不仅学识渊博，人也很谦虚，将来必然会（　　），取得傲人的成绩。
3. 很多人年轻的时候不努力，一生（　　），毫无所成。
4. 他的作品（　　），可他本人却很低调。
5. 他为人豪爽，最爱（　　），只要看见有人受到欺侮，就一定会挺身而出，帮助别人。

## 栋梁之才

从前,在一个山坡上有棵小树苗。广阔的山坡上只有它一棵树,而它的不远处就是一片茂密的森林,里面的树木遮天蔽日,一棵挨着一棵,非常拥挤。山坡上的树苗觉得自己很幸运,不用和其他的树争夺阳光和雨水,整天活得无忧无虑。

几年后,山坡上的树长大了,却变得越来越懒散,枝干长得歪歪扭扭,没有任何美感。一天,一群人来到山上砍树,他们先发现了山坡上的树,把它砍了下来,可是这棵树长得歪歪扭扭,什么也做不了,只能砍成一段一段的当柴火烧。

他们又来到森林里,发现森林里的树为了获得更多的阳光,都拼命地往上长,棵棵枝干笔直,都可以做成上好的大梁。

这个故事告诉我们,上天要让一个人担负大任,必定会锻炼他的心智,让他承受巨大的苦难,这样才能使他快速成长,成为栋梁之才。

# 成语游乐园

**找方位补成语**　　找出正确的方位词，把下面的成语补充完整吧！

东　南　西　北

旭日〇升　　躲〇藏〇　　辕〇辙〇　　〇柯一梦

〇窗事发　　〇腔〇调　　夕阳〇下

上　下　前　后　左　右　里　外

花〇月〇　　节〇生枝　　掌〇明珠　　手〇留情

〇车之鉴　　邻〇舍〇　　世〇桃源　　死〇逃生

锦〇添花　　〇会有期　　〇应〇合　　后来居〇

# 出口成章

**成语配对**　　左边的词语和右边的成语可以配成一对，把它们分别找出来并连在一起吧！

| 赵括打仗 | 大义灭亲 |
| 李逵穿针 | 百发百中 |
| 包公断案 | 粗中有细 |
| 黄忠射箭 | 精益求精 |
| 叶公好龙 | 神机妙算 |
| 鲁班拜师傅 | 穷途末路 |
| 吕布杀董卓 | 纸上谈兵 |
| 诸葛亮用兵 | 口是心非 |
| 秦叔宝卖马 | 威风凛凛 |
| 穆桂英挂帅 | 铁面无私 |

# 第二十五章

## 渔夫的女儿

渔夫出海去捕鱼，半路上遇到了大风暴，海上乌云密布、大雨滂沱，渔夫被大浪冲进了海里。就在渔夫垂死挣扎的时候，一条大鱼救了他。渔夫问大鱼如何才能报答它的救命之恩，大鱼交给渔夫一卷丝线说："这卷丝线能编织出世界上最美丽的衣服，你回去后把它交给你的女儿，让她穿上织好的衣服来找我，我将娶她为妻。"

渔夫不想把自己的女儿嫁给一条鱼，但是又害怕大鱼报复，只好拿着丝线回家去。回到家后，渔夫把这件事情对三个女儿和盘托出，他说："我不会强迫你们，谁愿意去就把这卷丝线拿走吧！"夜深人静时，渔夫的大女儿走到了桌子旁，悄悄地拿走了一段丝线。又过了一会儿，二女儿也拿走了一段丝线。第二天，渔夫的小女儿拿走了最后一段丝线。

几天后，城里将举办一场盛大的舞会，所有的女孩都会去参加，最美的人将会成为王子的未婚妻。大女

## 出口成章

儿和二女儿早早就开始准备，她们偷偷地用大鱼给的丝线编织出了极其美丽的裙子，然后进城参加舞会去了。她们走后，只剩下小女儿还在家中。渔夫说："舞会就要开始了，你还没有准备好吗？"小女儿摇了摇头说："我织衣服不是为了穿去参加舞会，而是为了替您去报恩的。"看着小女儿穿上用大鱼给的丝线织成的衣服，渔夫悲恸欲绝。

小女儿穿着美丽的长裙来到海边，大鱼游上了岸。看着这个天真烂漫的女孩，大鱼竟然变成了一个英俊的王子。他牵住女孩的手说："我是城里的王子，受到了诅咒变成了大鱼。那个丝线有魔法，只有诚实善良的人织出来的衣服才是最美丽的，你穿上这件衣服来找我，我身上的诅咒就消失了！"

王子带着渔夫的小女儿回到了城堡，穿着裙子的她倾国倾城，其他的女孩在她面前都黯然失色。王子向她求了婚，他们从此过上了幸福的生活。而贪得无厌的大女儿和二女儿还做着当王妃的黄粱美梦呢。

# 成语小词典

**dà yǔ pāng tuó 大雨滂沱**
【解释】滂沱：雨大而多的样子。形容雨下得很大。
【示例】外面大雨滂沱，最好等一会儿再出门。

**chuí sǐ zhēng zhá 垂死挣扎**
【解释】临近死亡时，进行最后的顽抗挣扎。
【示例】敌军在做垂死挣扎，我们要乘胜追击，一举拿下他们。

**hé pán tuō chū 和盘托出**
【解释】把东西连盘子一起端出。比喻毫无保留地拿出东西或把意见说出。
【示例】在老师的劝说下，他把事情的真相和盘托出。

**yè shēn rén jìng 夜深人静**
【解释】深夜没有人声，非常安静。
【示例】已经夜深人静了，姐姐仍坐在那里写作业。

**bēi tòng yù jué 悲恸欲绝**
【解释】绝：穷尽。指极度悲哀，万分伤心的样子。
【示例】看着地震后面目全非的家园，人们悲恸欲绝。

**tiān zhēn làn màn 天真烂漫**
【解释】指人心地单纯，坦率自然。常用来比喻青少年或儿童心地单纯善良。
【示例】这个小女孩天真烂漫，笑起来非常甜美。

**qīng guó qīng chéng 倾国倾城**
【解释】倾：倾覆，颠覆。形容女子美貌盖世。
【示例】西施的容貌倾国倾城。

**àn rán shī sè 黯然失色**
【解释】黯然：黯淡无光的样子。形容物体黯淡无光，失去了原有的光泽。或者形容人心情不好，脸色难看。
【示例】他非常优秀，其他人和他比起来都会黯然失色。

**tān dé wú yàn 贪得无厌**
【解释】厌：满足。指贪心大，总是不满足。
【示例】地主不断剥削农民的劳动果实，贪得无厌，最后招来了杀身之祸。

**huáng liáng měi mèng 黄粱美梦**
【解释】在梦中享尽了荣华富贵，一觉醒来，小米饭还没有煮熟。比喻想要实现的好事落得一场空。
【示例】他整天不务正业，还做着发大财的黄粱美梦。

## 出口成章

**成语大练兵**　　下面给出了五个成语，请你用这些成语把句子补充完整吧！

大雨滂沱　　夜深人静　　贪得无厌

天真烂漫　　和盘托出

1. 他最近工作非常忙碌，每次回家时已经（　　）了。
2. 她是个（　　）的小女孩，每天都开开心心的，大家都很喜欢她。
3. 外面突然（　　），街上的人疾驰奔走。
4. 他是一个（　　）的人，大家都不愿同他交往。
5. 眼看隐瞒不过去，他只好把事情的经过（　　）。

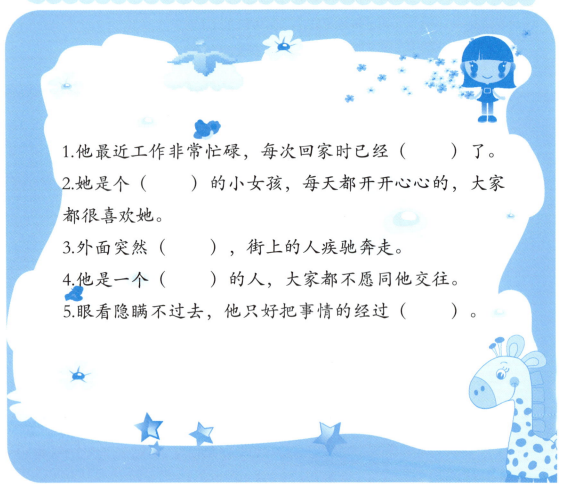

## 成语小故事

## 贪得无厌

春秋末期，有个叫智伯的人，野心勃勃，总是想得到更多的土地来扩大自己的势力。一次，智伯联合韩、赵、魏三家，打败了中行氏，侵占了中行氏的土地。过了几年，智伯要求韩氏割让土地给他，韩氏惧怕他，就答应了。智伯得到了好处，他的欲望变得更大，不久又让魏氏割地给他。魏氏也惧怕他，只好给了他一块土地。

智伯又看中了赵氏的两块土地，向赵氏索要。赵氏不愿给他，智伯便扬言要联合韩氏和魏氏来攻打赵氏。赵氏退守晋阳，准备了充足的粮食来对抗智伯。经过三年，智伯还是没有办法攻下晋阳。赵氏觉得这样下去也不是办法，他就游说韩氏和魏氏，和他们一起对付智伯。

韩氏和魏氏早就对智伯不满，于是赵氏连夜出兵，韩、魏两家跟着响应，他们一举打败了智伯，并瓜分了他的土地。智伯贪得无厌，最终葬送了自己的性命。

# 出口成章

## 成语游乐园

 **三好学生**

在下面的空格里填上字，使每一行都能成为一个成语。

| 三 | 顾 |   |   |
|---|---|---|---|
|   | 三 | 落 |   |
|   | 涎 | 三 |   |
|   |   | 反 | 三 |

| 好 | 事 |   |   |
|---|---|---|---|
|   | 好 | 月 |   |
|   | 知 | 好 |   |
|   |   | 所 | 好 |

| 学 | 富 |   |   |
|---|---|---|---|
|   | 学 | 多 |   |
|   | 疏 | 学 |   |
|   |   | 好 | 学 |

| 生 | 机 |   |   |
|---|---|---|---|
|   | 生 | 入 |   |
|   | 笔 | 生 |   |
|   |   | 偷 | 生 |

## 正确的释义

下面的成语中有一个字配有三个释义,其中只有一个是正确的,快找一找,并标出来吧!

**怀**才不遇
- 怀抱
- 怀藏
- 怀里

多多**益**善
- 更加
- 益处
- 有益

先**发**制人
- 启发
- 开始行动
- 发射

千**方**百计
- 地方
- 方法
- 方向

**背**井离乡
- 违背
- 离开
- 背对着

取**长**补短
- 长处
- 长久
- 多余

才**疏**学浅
- 疏散
- 浅薄
- 疏通

**止**于至善
- 达到
- 止步
- 为止

# 第二十六章

## 长角的蛇

蛇妈妈在夏天的时候生了一窝蛋。再过一段时间,小蛇们就要破壳而出了,蛇妈妈非常期盼孩子们的到来。几天后,小蛇们出生了,看着活泼健康的孩子们,蛇妈妈心满意足,它决定把这个好消息告诉所有人。

满月酒那天,蛇妈妈的好朋友都来给它祝贺,门前张灯结彩,宾客们络绎不绝,它们都夸赞小蛇们聪明可爱。这时,一只狐狸说:"你们快看,这条小蛇的头上有两个包,有些与众不同啊!"蛇妈妈太忙了,没有在意狐狸的话。

很快,小蛇们一岁了,它们长大了不少。但是其中一条小蛇非常难过,因为它发现自己和别的小蛇不一样,它的头上长出了角。长角的小蛇很孤单,因为别人总说它是怪物,久而久之,就没人愿意和它一起玩了。

长角的小蛇每天都会来到山上的瀑布里游泳。瀑布旁边有棵大

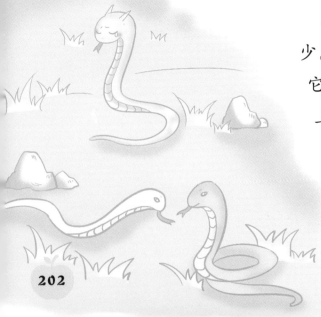

树，它见多识广，知道很多事情。它对小蛇说："现在你要多锻炼身体，日积月累，水滴石穿，总有一天你会一飞冲天，成为一个大人物。"长角的小蛇将大树的话铭记在心，每天都勤奋地锻炼。

一天，山里的黑熊找到了蛇妈妈，它说："我家里少了一块金子，又发现了一块蛇皮，是不是你家小蛇偷的？"蛇妈妈问孩子们有没有偷金子，小蛇们都矢口否认。为了逃避惩罚，大家都说是头上长角的小蛇偷了金子。蛇妈妈很生气，就把长角的小蛇关在了家里，让它闭门思过。长角的小蛇心里委屈极了，它没有偷金子，就因为它长得丑，所以大家就让它来顶罪。

突然，天上打起了雷，巨大的雷声不断地在长角的小蛇头上响起。远处的大树突然喊道："小蛇，做好准备，你要变成龙了！"话音刚落，一道雷打在了小蛇身上。小蛇因为长年锻炼的原因，经受住了雷击，它变成一条威风凛凛的小龙，飞上了天空。这时，天空中出现了一条巨大的龙，它抱住小蛇说："我的孩子，我终于找到你了。"小蛇开心极了，它终于不再是一个没人疼爱的小怪物了。

## 出口成章

成语小词典

**xīn mǎn yì zú**
**心满意足**
【解释】形容称心如意,非常满足。
【示例】他对儿女们没有什么要求,只要健健康康的,他就心满意足了。

**zhāng dēng jié cǎi**
**张灯结彩**
【解释】张:陈设。挂上灯笼,系上彩绸。形容场面喜气热闹。
【示例】这家酒店今天开张,门前张灯结彩,非常热闹。

**luò yì bù jué**
**络绎不绝**
【解释】形容车辆、行人、船只来来往往,接连不断。
【示例】自从开业后,这家酒店的客人络绎不绝,生意非常火爆。

**yǔ zhòng bù tóng**
**与众不同**
【解释】与大家不一样。
【示例】她的穿着与众不同,所以很引人注目。

**jiǔ ér jiǔ zhī**
**久而久之**
【解释】经过了很长的一段时间。
【示例】他经常去那家店吃饭,久而久之,店里的老板已经认识他了。

**jiàn duō shí guǎng**
**见多识广**
【解释】识:知道。见过的多,知道的广。形容阅历丰富,经验多。
【示例】他一生走南闯北,见多识广。

**shuǐ dī shí chuān**
**水滴石穿**
【解释】比喻力量虽小,只要坚持不懈,事情就能成功。
【示例】在学习上我们要有水滴石穿的精神,这样才能取得好成绩。

**yì fēi chōng tiān**
**一飞冲天**
【解释】鸟儿展翅一飞,直冲云霄。比喻平时没有特殊表现,一下做出了惊人的成绩。
【示例】经过十几年的默默准备,今天他一飞冲天。

**bì mén sī guò**
**闭门思过**
【解释】关上房门,独自反省过错。多指独自进行自我反省。
【示例】经历这次失败,他闭门思过一整天,一直在检讨自己。

**wēi fēng lǐn lǐn**
**威风凛凛**
【解释】威风:威严的气概。凛凛:严肃,可敬畏的样子。形容声势或气派使人敬畏。
【示例】战士们全副武装,个个威风凛凛。

 **成语大练兵**　　下面给出了五个成语，请你用这些成语把句子补充完整吧！

张灯结彩　　络绎不绝　　久而久之

见多识广　　水滴石穿

1.自从他获得了全国冠军之后，家里的客人每天都（　　）。

2.快过年了，大街上（　　），到处都喜气洋洋的。

3.他是一个不守信用的人，常常对别人撒谎，（　　），人们都不再相信他说的话了。

4.小明的爸爸走南闯北，（　　），不论小明问什么样的问题，爸爸都能回答上来。

5.只要我们坚持努力，（　　），总有一天会取得成功。

## 出口成章

### 成语小故事

## 水滴石穿

宋朝的张乖崖是一个很有能力的官员。有一年,他在崇阳当县令,当时,这个县风气很差,常有军卒侮辱将帅、小吏侵犯长官的事发生,就连衙门的库房都经常遭到盗窃。张乖崖认为这是一种反常的现象,于是他下定决心要整治一番。

一天,张乖崖在衙门周围巡查,看见一个小吏鬼鬼祟祟,从府库中悄悄地走出来。张乖崖立即下令搜查,发现小吏的头巾下藏着一文钱。那个小吏知道糊弄不过去了,才承认是从库房偷的。张乖崖把那个小吏带回大堂,下令拷打,问他以前到底偷了多少钱。那小吏不但不供罪,还出言不逊,他说:"你也只能打我,你还能杀了我不成!"

张乖崖大怒,判道:"一日一钱,千日千钱,绳锯木断,水滴石穿。"为了惩罚这种行为,张乖崖下令把小吏带到刑场,斩首示众。此后,崇阳县的风气大大好转了。

# 成语游乐园

**十字成语**　　把下面的十字成语补充完整吧！

- 长他人志气
- 天下无难事
- 前不见古人
- 路遥知马力
- 留得青山在
- 福兮祸所伏
- 一朝被蛇咬
- 以小人之心
- 怒从心头起
- 少壮不努力

## 出口成章

 **数学小天地** 　下面的成语自身含有数学知识，快去填一填、看一看吧！

### 带"倍数"的成语

- 面　方
- 光　色
- 头　臂
- 干　净
- 分为
- 穷　白
- 独　无
- 一　一

### 带"临近数"的成语

- 面　刀
- 分　裂
- 颜　色
- 上　下
- 心　意
- 拿　稳
- 朝　暮
- 手　脚

# 答案

浪子回头金不换　　醉翁之意不在酒
小不忍则乱大谋　　无事不登三宝殿
初生牛犊不怕虎　　解铃还须系铃人
四海之内皆兄弟　　磨刀不误砍柴工

## ☆☆ 第一章 ☆☆

**成语大练兵**
出尔反尔　战无不胜　足智多谋　希世之珍
怒气冲冲

**诗情画意**
白日依山尽，黄河入海流。《登鹳雀楼》

**成语之最**
一步登天　顶天立地　一手遮天　一言九鼎
一目十行　一刻千金　度日如年　偷天换日
一毛不拔　四海为家

## ☆☆ 第二章 ☆☆

**成语大练兵**
得心应手　欢呼雀跃　语无伦次　难以置信
精打细算

**成语接龙**
胆大包天　天真烂漫　漫漫长夜　夜长梦多
多灾多难　难分难舍　舍身取义　义胆忠肝
肝脑涂地　地大物博　博大精深　深入浅出
出其不意　意气风发　发愤图强　强词夺理
理直气壮　壮志凌云　云泥之别

**成语猜猜猜**
接二连三　表里如一　水落石出　咬文嚼字
能屈能伸　五体投地　深不可测　近水楼台
外强中干　人云亦云

## ☆☆ 第三章 ☆☆

**成语大练兵**
一望无际　聚精会神　游刃有余　犹豫不决
言而有信

**读古诗找成语**
心有灵犀　柳暗花明　不拘一格　万紫千红
一日三秋　青梅竹马　秉烛夜游　鸠占鹊巢

**七字成语**
君子之交淡如水　　　人心不足蛇吞象

## ☆☆ 第四章 ☆☆

**成语大练兵**
颗粒无收　瓢泼大雨　斗志昂扬　走投无路
面目狰狞

**成语接龙**
花言巧语　语出惊人　人定胜天　天女散花
眼花缭乱　乱臣贼子　子虚乌有　有板有眼
海纳百川　川流不息　息事宁人　人山人海
长年累月　月黑风高　高山流水　水远山长

**城市万花筒**
济南　上海　长春　宁波　天津　大连

## ☆☆ 第五章 ☆☆

**成语大练兵**
无忧无虑　事与愿违　山清水秀　惶恐不安
寝食难安

**成语迷宫**
后来居上　上下一心　心惊肉跳　跳梁小丑
丑态百出　出口伤人　人定胜天　天下第一
一五一十　十拿九稳　稳如泰山　山穷水尽
尽心竭力　力透纸背　背水一战　战战兢兢

**名人世界**
女娲补天　武王伐纣　嫦娥奔月　夸父追日
伯乐相马　盘古开天　塞翁失马　后羿射日
荆轲刺秦　毛遂自荐　孔融让梨　东施效颦
大禹治水　叶公好龙

209

## ☆☆第六章☆☆

### 成语大练兵
车水马龙　人山人海　出人意料　忐忑不安
屡教不改

### 成语动物园
三人成虎　狐假虎威　养虎为患　虎头虎脑
龙飞凤舞　画龙点睛　老态龙钟　叶公好龙
马到成功　走马观花　车水马龙　千军万马
胆小如鼠　抱头鼠窜　投鼠忌器　鼠目寸光

### 成语中的动物
海里长，花外衣，遇敌人，放墨水。
（谜底：乌贼）

## ☆☆第七章☆☆

### 成语大练兵
争先恐后　公正无私　大快朵颐　瑟瑟缩缩
欣喜若狂

### 找朋友
一盘散沙　乌合之众　杞人忧天　庸人自扰
滔滔不绝　口若悬河　寸步不离　形影相随
半斤八两　不相上下　洗心革面　痛改前非
闭月羞花　沉鱼落雁　画饼充饥　望梅止渴

### 合二为一
雨　令　零；巾　凡　帆；日　寸　时；门　耳
闻；林　夕　梦；比　死　毙；人　人　从；南
犬　献

## ☆☆第八章☆☆

### 成语大练兵
平易近人　感激不尽　千钧一发　奄奄一息
五彩缤纷

### 歇后语
自身难保　有目共睹　异口同声　南腔北调
腾云驾雾　贼喊捉贼　不能自拔　不识好歹

### 花团锦簇
春兰秋菊　望梅止渴　人面桃花　梨花带雨
昙花一现　蟾宫折桂　杏花春雨　步步莲花

## ☆☆第九章☆☆

### 成语大练兵
聪明伶俐　尊老爱幼　难能可贵　自私自利

手足情深

### 盖房子
固若金汤　历久弥坚　稳如泰山　坚不可摧
铜墙铁壁　牢不可破　坚如磐石　岿然不动
森严壁垒

### 成语摩天轮
艰苦卓绝　绝处逢生　生死存亡　亡羊补牢
牢不可破　破涕为笑　笑里藏刀　刀下留人
人迹罕至　至高无上　上善若水　水涨船高
高枕无忧　忧心如焚　焚琴煮鹤　鹤立鸡群
群龙无首　首尾相连

## ☆☆第十章☆☆

### 成语大练兵
电闪雷鸣　见死不救　背信弃义　知恩图报
花言巧语

### 大家来找路
地久天长　长驱直入　入木三分　分秒必争

### 合二为一
喜　眉　喜上眉梢　牵　挂　牵肠挂肚
扣　心　扣人心弦　精　力　精疲力尽
安　若　安之若素　深　固　根深蒂固
心　志　专心致志　千　一　千钧一发

## ☆☆第十一章☆☆

### 成语大练兵
饱读诗书　毛遂自荐　津津乐道　书香门第
对答如流

### 成语对联
海阔天空　海纳百川　祸不单行　近水楼台

标新立异　学海无涯　山重水复　柳暗花明
自知之明

### 近义词、反义词
唉声叹气　日久天长　大材小用　出生入死
三长两短　争奇斗艳　生龙活虎　承上启下
藏头露尾　眼疾手快　追根究底　无中生有
口是心非　弄假成真　反败为胜　前呼后拥

## ☆☆第十二章☆☆

### 成语大练兵
震耳欲聋　憨态可掬　大雨如注　洁白无瑕
知足常乐

### 六字成语
五十步笑百步　　百闻不如一见
有眼不识泰山　　挂羊头卖狗肉
真金不怕火炼　　三寸不烂之舌
吉人自有天相　　化干戈为玉帛
天有不测风云　　恭敬不如从命

### 五彩缤纷
红妆素裹　青梅竹马　黄粱一梦　姹紫嫣红
阳春白雪　青山绿水　蓝田生玉　碧波万顷
白里透红　面红耳赤　黄袍加身　紫气东来

## ☆☆第十三章☆☆

### 成语大练兵
不可思议　早出晚归　一举成名　大名鼎鼎
名不副实

### 一起来做操
一二三四　二二三四　三二三四　四二三四

### 大家来找茬
水改石　水落石出　　砖改玉　抛砖引玉
天改地　改天换地　　旧改新　弃旧图新
伪改真　去伪存真　　祸改福　因祸得福
重改轻　避重就轻

## ☆☆第十四章☆☆

### 成语大练兵
坚持不懈　闷闷不乐　笨鸟先飞　德高望重
兴高采烈

### 多音字
数　shǔ　　shù　　　称 chèn　chēng
斗　dǒu　　dòu　　　没 méi　　mò
间　jiàn　　jiān　　　当 dàng　dāng

分 fēn　fèn　　　　中 zhòng　zhōng

### 寻找反义词
爱财如命　挥金如土　半途而废　坚持不懈
博古通今　坐井观天　井然有序　杂乱无章
爱不释手　弃若敝屣　流芳百世　遗臭万年
雪中送炭　落井下石　鼠目寸光　高瞻远瞩

## ☆☆第十五章☆☆

### 成语大练兵
琳琅满目　不胜枚举　恍然大悟　眉飞色舞
出谋划策

### 选词填空
格格不入　炯炯有神　亭亭玉立　高高在上
落落大方　比比皆是　嗷嗷待哺　面面俱到
步步为营　绰绰有余　津津有味　孜孜不倦
心心相印　夸夸其谈　代代相传

### 认识时间
早晨：东方欲晓　雄鸡报晓　旭日东升　晨
光熹微　朝霞满天
中午：烈日当空　艳阳高照　骄阳似火
傍晚：日薄西山　夕阳西下　残阳如血　百
鸟归林
夜晚：月明星稀　华灯初上　三更半夜　夜
深人静

## ☆☆第十六章☆☆

### 成语大练兵
从轻发落　千叮万嘱　束之高阁　敏而好学
恶贯满盈

211

### 十二生肖
天马行空　闻鸡起舞　三人成虎　打草惊蛇
亡羊补牢　对牛弹琴　狗尾续貂　猪狗不如
狡兔三窟　叶公好龙　尖嘴猴腮　鼠目寸光

### 补字组唐诗
《草》
离离原上草，一岁一枯荣。
野火烧不尽，春风吹又生。

苗　竹　树　桃　莲　鱼　松　草　鹤

### 八字成语
百年树人　近墨者黑　败絮其中　后人乘凉
不见泰山　始于足下　死而后已　殃及池鱼
流水无情　焉得虎子　败事有余　我为鱼肉

## ☆☆ 第十九章 ☆☆

### 成语大练兵
精疲力竭　心旷神怡　形影不离　深情厚谊
惊慌失措

### 看图猜成语
大材小用　人仰马翻　明争暗斗　多此一举
朝三暮四

### 近义词、反义词
碌碌无为　超群绝伦　目不斜视　东张西望
阴险狡诈　光明正大　犹豫不决　当机立断
寄人篱下　自力更生　执迷不悟　醍醐灌顶

## ☆☆ 第十七章 ☆☆

### 成语大练兵
和蔼可亲　胸有成竹　专心致志　心烦意乱
潸然泪下

### 身体大探索
白头偕老　口蜜腹剑　铁面无私　眉飞色舞
胸有成竹　另眼相看　足不出户　唇枪舌剑
虎口拔牙　不足挂齿　肝肠寸断　震耳欲聋
脚踏实地　袖手旁观　螳臂当车

### 童话世界
白雪公主　青蛙王子　灰姑娘　丑小鸭
美人鱼　小红帽

## ☆☆ 第二十章 ☆☆

### 成语大练兵
银装素裹　才华横溢　悠然自得　赞不绝口
追悔莫及

### 成语小课堂
语文　物理　地理　美术　自然
劳动　政治　历史　化学

### 数学小天地
七窍生烟　六神无主　一潭死水
三缄其口　三足鼎立　九死一生
五体投地　一叶知秋　六根清净
一针见血　三顾茅庐　四面楚歌
三生有幸　六月飞雪　九牛一毛
日上三竿　付之一炬　退避三舍
孟母三迁　多此一举　狼烟四起
合二为一　四海升平　八面玲珑

## ☆☆ 第十八章 ☆☆

### 成语大练兵
饥肠辘辘　自作自受　惴惴不安　无所事事
望眼欲穿

### 看图补成语

## ☆☆ 第二十一章 ☆☆

### 成语大练兵
沾沾自喜　突飞猛进　寒来暑往　夸大其词
刮目相看

### 成语猜人名
匡衡　曹操　赵高　项羽　荆轲　蔺相如
刘备　班超　岳飞　赵括　诸葛亮　车胤

### 喜怒哀乐
**表示喜悦的成语：**

欢天喜地　手舞足蹈　眉飞色舞　喜出望外
**表示悲伤的成语：**
痛不欲生　黯然神伤　欲哭无泪　心如刀绞
**表示愤怒的成语：**
大发雷霆　怒发冲冠　怒气冲冲　义愤填膺
**表示惊慌的成语：**
惊慌失措　六神无主　手忙脚乱　手足无措

## ☆☆第二十二章☆☆

**成语大练兵**
一无所得　垂头丧气　雨过天晴　争分夺秒
头晕目眩
**探秘宇宙**
灿若星辰　大步流星　斗转星移　星罗棋布
月朗风清　如日中天　月明星稀　众星拱月
日月如梭　披星戴月　日新月异　吉星高照
**奇珍异宝**
沧海遗珠　挥金如土　纸醉金迷　金科玉律
冰清玉洁　亭亭玉立　火树银花　银装素裹
金口玉言　烈火真金　掌上明珠　珠联璧合

## ☆☆第二十三章☆☆

**成语大练兵**
手舞足蹈　姹紫嫣红　平安无事　山明水秀
活灵活现
**多音字**
liáng liàng　nàn nán　dàng dāng　qiǎng
qiáng　jǐ jī　zhòng zhōng　jiàng jiāng
xiǎn xiān　xiāng xiàng　fà fā
**看数字猜成语**
三五成群　一五一十　七上八下　无中生有
颠三倒四　屈指可数　不三不四　一成不变

## ☆☆第二十四章☆☆

**成语大练兵**
发愤图强　出人头地　碌碌无为　举世闻名
打抱不平
**找方位补成语**
旭日东升　东躲西藏　南辕北辙　南柯一梦
东窗事发　南腔北调　夕阳西下　花前月下
节外生枝　掌上明珠　手下留情　前车之鉴
左邻右舍　世外桃源　死里逃生　锦上添花
后会有期　里应外合　后来居上
**成语配对**

赵括打仗—纸上谈兵　李逵穿针—粗中有细
包公断案—铁面无私　黄忠射箭—百发百中
叶公好龙—口是心非　鲁班拜师傅—精益求精
吕布杀董卓—大义灭亲　诸葛亮用兵—神机妙算
秦叔宝卖马—穷途末路　穆桂英挂帅—威风凛凛

## ☆☆第二十五章☆☆

**成语大练兵**
夜深人静　天真烂漫　大雨滂沱　贪得无厌
和盘托出
**三好学生**
三顾茅庐　丢三落四　垂涎三尺　举一反三
好事多磨　花好月圆　不知好歹　投其所好
学富五车　博学多才　才疏学浅　敏而好学
生机勃勃　出生入死　梦笔生花　苟且偷生
**正确的释义**
怀藏　更加　开始行动　方法　离开
长处　浅薄　达到

## ☆☆第二十六章☆☆

**成语大练兵**
络绎不绝　张灯结彩　久而久之　见多识广
水滴石穿
**十字成语**
灭自己威风　只怕有心人　后不见来者
日久见人心　不怕没柴烧　祸兮福所倚
十年怕井绳　度君子之腹　恶向胆边生
老大徒伤悲
**数学小天地**
四面八方　五光十色　三头六臂　一干二净
一分为二　一穷二白　独一无二　一五一十
两面三刀　四分五裂　五颜六色　七上八下
三心二意　十拿九稳　朝三暮四　七手八脚

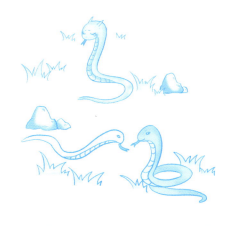

213

# 成语索引

## A
| 成语 | 页码 |
|---|---|
| 安不忘危 | 150 |
| 按图索骥 | 38 |
| 黯然失色 | 197 |

## B
| 成语 | 页码 |
|---|---|
| 百思不解 | 14 |
| 半途而废 | 110 |
| 饱读诗书 | 86 |
| 暴殄天物 | 126 |
| 悲恸欲绝 | 197 |
| 背井离乡 | 30 |
| 背信弃义 | 78 |
| 笨鸟先飞 | 110 |
| 闭门思过 | 204 |
| 宾客盈门 | 70 |
| 波光粼粼 | 38 |
| 勃然大怒 | 150 |
| 不动声色 | 70 |
| 不假思索 | 70 |
| 不可思议 | 102 |
| 不胜枚举 | 118 |
| 不知不觉 | 46 |

## C
| 成语 | 页码 |
|---|---|
| 才华横溢 | 158 |
| 才疏学浅 | 190 |
| 姹紫嫣红 | 182 |
| 长命百岁 | 94 |
| 车水马龙 | 46 |
| 惩恶劝善 | 126 |
| 持之以恒 | 110 |
| 出尔反尔 | 6 |
| 出口成章 | 86 |
| 出谋划策 | 118 |
| 出人头地 | 190 |
| 出人意料 | 46 |
| 垂死挣扎 | 197 |
| 垂头丧气 | 174 |
| 垂涎欲滴 | 54 |
| 聪明伶俐 | 70 |
| 从轻发落 | 126 |

## D
| 成语 | 页码 |
|---|---|
| 打抱不平 | 190 |
| 打草惊蛇 | 30 |
| 大大咧咧 | 46 |
| 大街小巷 | 70 |
| 大惊失色 | 150 |
| 大快朵颐 | 54 |
| 大名鼎鼎 | 102 |
| 大相径庭 | 46 |
| 大雨滂沱 | 197 |
| 大雨如注 | 94 |
| 担惊受怕 | 182 |
| 道貌岸然 | 54 |
| 道听途说 | 174 |
| 得心应手 | 14 |
| 德高望重 | 110 |
| 电闪雷鸣 | 78 |
| 掉以轻心 | 22 |
| 栋梁之才 | 190 |
| 斗志昂扬 | 30 |
| 独来独往 | 134 |
| 度日如年 | 142 |
| 对答如流 | 86 |

## E
| 成语 | 页码 |
|---|---|
| 鹅毛大雪 | 158 |
| 恶贯满盈 | 126 |

## F
| 成语 | 页码 |
|---|---|
| 发愤图强 | 190 |
| 反复无常 | 134 |
| 废寝忘食 | 158 |

## G
| 成语 | 页码 |
|---|---|
| 感激不尽 | 62 |
| 公正无私 | 54 |
| 攻无不克 | 6 |
| 刮目相看 | 166 |
| 寡不敌众 | 150 |
| 光阴似箭 | 38 |
| 鬼迷心窍 | 78 |

## H
| 成语 | 页码 |
|---|---|
| 憨态可掬 | 94 |
| 寒来暑往 | 166 |
| 和蔼可亲 | 134 |
| 和盘托出 | 197 |
| 呼风唤雨 | 30 |
| 花言巧语 | 78 |
| 欢呼雀跃 | 14 |
| 黄粱美梦 | 197 |
| 惶恐不安 | 38 |
| 恍然大悟 | 118 |
| 灰心丧气 | 166 |
| 昏庸无道 | 62 |
| 魂飞魄散 | 62 |
| 活灵活现 | 182 |

## J
| 成语 | 页码 |
|---|---|
| 饥肠辘辘 | 142 |
| 坚持不懈 | 110 |
| 见多识广 | 204 |
| 见死不救 | 78 |
| 骄傲自满 | 166 |
| 洁白无瑕 | 94 |
| 津津乐道 | 86 |
| 尽人皆知 | 118 |
| 惊慌失措 | 150 |
| 精打细算 | 14 |
| 精疲力竭 | 150 |
| 久而久之 | 204 |
| 举世闻名 | 190 |
| 聚精会神 | 22 |

## K
| 成语 | 页码 |
|---|---|
| 颗粒无收 | 30 |
| 苦思冥想 | 38 |
| 夸大其词 | 166 |
| 宽宏大量 | 6 |

## L
| 成语 | 页码 |
|---|---|
| 狼子野心 | 54 |
| 历经沧桑 | 94 |
| 琳琅满目 | 118 |
| 伶俐乖巧 | 94 |
| 碌碌无为 | 190 |
| 络绎不绝 | 204 |
| 屡教不改 | 46 |
| 绿草如茵 | 38 |

## M
| 成语 | 页码 |
|---|---|
| 满腹疑团 | 14 |
| 满面羞惭 | 110 |
| 漫不经心 | 158 |
| 慢声细语 | 134 |
| 毛遂自荐 | 86 |
| 眉飞色舞 | 118 |
| 闷闷不乐 | 110 |

| | | | | | | | | | |
|---|---|---|---|---|---|---|---|---|---|
| 迷惑不解 | 174 | **R** | | 突飞猛进 | 166 | 兴高采烈 | 110 | 早出晚归 | 102 |
| 面壁思过 | 126 | 热血沸腾 | 22 | **W** | | 胸有成竹 | 134 | 沾沾自喜 | 166 |
| 面目狰狞 | 30 | 人山人海 | 46 | 歪七扭八 | 46 | | | 崭露头角 | 166 |
| 敏而好学 | 126 | 忍气吞声 | 54 | 完璧归赵 | 6 | **Y** | | 战无不胜 | 6 |
| 名不副实 | 102 | 若无其事 | 46 | 忘恩负义 | 62 | 烟波浩渺 | 22 | 张灯结彩 | 204 |
| 摩肩接踵 | 118 | **S** | | 望眼欲穿 | 142 | 言而有信 | 22 | 震耳欲聋 | 94 |
| 莫逆之交 | 190 | 瑟瑟缩缩 | 54 | 威风凛凛 | 204 | 言信行直 | 110 | 争分夺秒 | 174 |
| 目不识丁 | 102 | 山明水秀 | 182 | 巍然屹立 | 86 | 奄奄一息 | 62 | 争先恐后 | 54 |
| 目瞪口呆 | 102 | 山清水秀 | 38 | 唯利是图 | 62 | 扬扬得意 | 54 | 知恩图报 | 78 |
| **N** | | 姗姗来迟 | 110 | 文武双全 | 190 | 摇摇欲坠 | 118 | 知足常乐 | 94 |
| 难能可贵 | 70 | 潸然泪下 | 134 | 文人墨客 | 86 | 夜半三更 | 30 | 专心致志 | 134 |
| 难以置信 | 14 | 蛇蝎心肠 | 62 | 闻所未闻 | 102 | 夜郎自大 | 158 | 转危为安 | 174 |
| 能文能武 | 190 | 舍己救人 | 182 | 问心无愧 | 14 | 夜深人静 | 197 | 追悔莫及 | 158 |
| 年幼无知 | 102 | 深情厚谊 | 150 | 无地自容 | 6 | 叶落知秋 | 158 | 惴惴不安 | 142 |
| 弄巧成拙 | 182 | 事与愿违 | 38 | 无价之宝 | 6 | 一飞冲天 | 204 | 捉襟见肘 | 14 |
| 怒气冲冲 | 6 | 手舞足蹈 | 182 | 无能为力 | 142 | 一举成名 | 102 | 自鸣得意 | 166 |
| **P** | | 手足情深 | 70 | 无所事事 | 142 | 一望无际 | 22 | 自求多福 | 142 |
| 瓢泼大雨 | 30 | 书香门第 | 86 | 无影无踪 | 150 | 一无所得 | 174 | 自然而然 | 70 |
| 贫病交加 | 78 | 束之高阁 | 126 | 无忧无虑 | 38 | 义无反顾 | 182 | 自食其果 | 78 |
| 平安无事 | 182 | 水滴石穿 | 204 | 无与伦比 | 118 | 银装素裹 | 158 | 自私自利 | 70 |
| 平易近人 | 62 | 水深火热 | 126 | 五彩缤纷 | 62 | 引火烧身 | 78 | 自作自受 | 142 |
| **Q** | | 思如泉涌 | 86 | **X** | | 忧心忡忡 | 134 | 走投无路 | 30 |
| 泣不成声 | 182 | 索然无味 | 142 | 希世之珍 | 6 | 悠然自得 | 158 | 足智多谋 | 6 |
| 千叮万嘱 | 126 | **T** | | 消失殆尽 | 102 | 犹豫不决 | 22 | 尊老爱幼 | 70 |
| 千钧一发 | 62 | 贪得无厌 | 197 | 小心翼翼 | 22 | 游刃有余 | 22 | | |
| 千载难逢 | 30 | 忐忑不安 | 46 | 心烦意乱 | 134 | 与世隔绝 | 94 | | |
| 锲而不舍 | 166 | 滔天大罪 | 126 | 心旷神怡 | 150 | 与众不同 | 204 | | |
| 倾国倾城 | 197 | 天真烂漫 | 197 | 心满意足 | 204 | 雨过天晴 | 174 | | |
| 寝食难安 | 38 | 天资聪颖 | 86 | 心想事成 | 94 | 语无伦次 | 14 | | |
| 沁人心脾 | 174 | 甜言蜜语 | 142 | 欣喜若狂 | 54 | 郁郁寡欢 | 118 | | |
| 轻而易举 | 134 | 通情达理 | 14 | 信誓旦旦 | 78 | **Z** | | | |
| 晴空万里 | 174 | 头晕目眩 | 174 | 形影不离 | 150 | 赞不绝口 | 158 | | |

## 编 写 人 员

| 陈秀娟 | 董连富 | 董晓涛 | 董羽欣 | 郝洪波 | 郝思奇 | 贾志红 | 金福广 |
| 金丽英 | 金玉芳 | 刘　林 | 刘　婷 | 刘　伟 | 马加福 | 孙国月 | 汪婷婷 |
| 王孝龙 | 武广平 | 肖国金 | 杨　正 | 杨　忠 | 于建伟 | 袁　勇 | 章　艳 |
| 赵永刚 | 赵智谋 | 周　芬 | 周　勇 | 朱　凤 | 朱　环 | 朱茂举 | 朱明玉 |
| 朱　岩 | 邹洪满 | | | | | | |

**图书在版编目(CIP)数据**

读故事学成语 / 周勇主编. — 北京：机械工业出版社，2018.6
ISBN 978-7-111-60635-2

Ⅰ. ①读… Ⅱ. ①周… Ⅲ. ①汉语－成语－
故事－小学－教学参考资料 Ⅳ. ①G624.203

中国版本图书馆CIP数据核字(2018)第181238号

机械工业出版社（北京市百万庄大街22号　邮政编码100037）
责任编辑：郎　峰　邵鹤丽　　　封面设计：刘　婷
责任印制：孙　炜　　　　　　　责任校对：杨　凡
保定市中画美凯印刷有限公司印刷

2018年9月第1版第1次印刷　　　185mm×240mm・13.5印张・166千字
标准书号：ISBN 978-7-111-60635-2　　定价：35.00元

凡购买本书，如有缺页、倒页、脱页，由本社发行部调换
电话服务　　　　　　　　　　　　网络服务
服务咨询热线：010-88361066　　　机工官网：www.cmpbook.com
读者购书热线：010-68326294　　　机工官博：weibo.com/cmp1952
　　　　　　　010-88379203　　　金书网：www.golden-book.com
　　　　　　　　　　　　　　　　　教育服务网：www.cmpedu.com

封面无防伪标均为盗版